Das große Buch der Tischdekoration

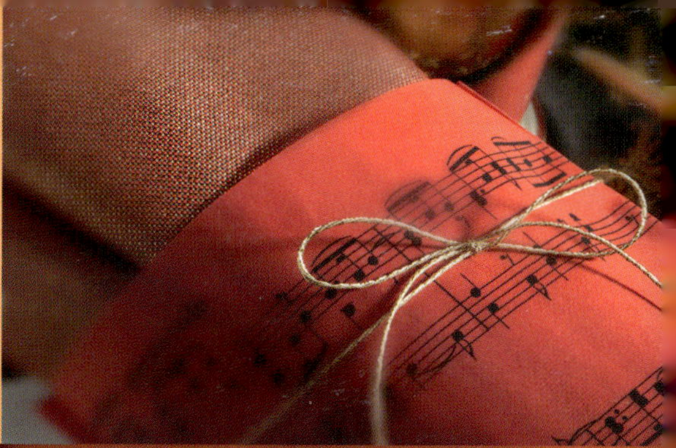

Das große Buch der

Tischdekoration

Anne Paetzold · Heide Hellwage-Schmidt

FALKEN

INHALT

EINLEITUNG

TISCHDEKORATIONEN

Die Tischdekoration hat eine lange Tradition. Zwar hat sich die Mode auch hier mit der Zeit gewandelt, doch heute noch gilt eine attraktive Tafelgestaltung, ungeachtet der Stilrichtung, als unerlässliche optische Ergänzung eines gepflegten Essens.

LIEBE LESERIN, LIEBER LESER

Der Mensch war schon immer bestrebt, das Notwendige und Nützliche mit dem Schönen zu verbinden. Auch wenn es von vielen Kulturen keine Überlieferungen gibt, wie die Menschen damals gegessen haben, so belegen doch zahlreiche Funde von Gebrauchskeramik mit teils kunstvollen Verzierungen ihren Sinn für das Ästhetische.

Im Laufe der Jahrhunderte hat sich die Neigung zum Dekorativen erhalten und weiterentwickelt. Entsprechend dem Geschmack der jeweiligen Epoche wurden Geschirr, Gläser und Besteck hergestellt, die nicht nur einen praktischen Zweck erfüllen, sondern auch das Auge erfreuen sollten. Zum Geschirr kam dann die Tischwäsche, deren ursprüngliche Aufgabe es war, den Aufbau der Tafel zu verhüllen, die meist aus rohen Holzbrettern auf Böcken bestand. Später wurden Tische und Tischplatten aus edlen Hölzern hergestellt und auf Hochglanz poliert. Nun diente das Tischtuch als Schutz vor Kratzern und Flecken durch Geschirr und Speisen. Wertvolle, oft aufwändig bestickte Damasttücher wurden über den Tisch gebreitet. Hinzu kamen Servietten in der gleichen Qualität, die schon bald kunstvoll gefaltet zur Gestaltung des Tisches beitrugen.

Die Speisen wurden oft auf einem separaten Tisch angerichtet, sodass auf dem Esstisch reichlich Platz für Obst, Gebäck und Konfekt in dekorativen Gefäßen blieb. Die Mode kam auf, den Tisch für Gäste besonders herzurichten: Im 14. Jahrhundert beispielsweise zierten ihn zuweilen vergoldete Fische und Vögel; später wurden Wappen aus farbigem Gelee gegossen und auch Schaugerichte aus Zucker und Tragant, einem gummiartigen Bindemittel, zur Tischdekoration hergestellt. In späteren Jahrhunderten verwendete man Spiegelplatten, die die Tafelaufsätze noch prachtvoller glänzen ließen, und fertigte Minigärten und riesige Blumenarrangements an.

Allmählich wurden die Tischdekorationen jedoch weniger üppig, und im vorigen Jahrhundert passte man sich der wirtschaftlichen Depression der 30er-Jahre an. Klare und einfachere Formen setzten sich durch, und auch das Besteck wurde handlicher.

Ein stilvoll gedeckter Tisch zeigte damals – und zeigt auch heute noch – dem Gast, dass er hoch geschätzt und im Hause willkommen ist. Es ist wieder im Trend, nicht nur zu den traditionellen Familienfesten, sondern auch zu vielen anderen Anlässen einzuladen. Eine gelungene Tischdekoration stimmt die Gesellschaft auf das Kommende ein.

Den Anforderungen unseres heutigen Lebensstils entsprechend, bietet dieses Buch viele attraktive, zum Teil auch unkonventionelle

Anregungen zu den verschiedensten privaten Festlichkeiten. Sie lassen sich mithilfe der Detailfotos und Beschreibungen ohne großen Aufwand verwirklichen; nach Belieben kann man nur ein paar Elemente des jeweiligen Vorschlags übernehmen und mit dem vorhandenen Tischgerät kombinieren. Und damit das nächste Fest, die nächste Einladung perfekt gelingt, sind auch der Grundausstattung an Tischwäsche, Geschirr, Gläsern und Besteck, dem Falten der Servietten sowie den Bestandteilen der Dekoration spezielle Kapitel gewidmet.

Ausgangspunkt jeder Tischgestaltung ist das Zusammenspiel von Tischwäsche und den jeweils erforderlichen Gerätschaften. Wer eine Grundausrüstung mit aufeinander abgestimmten Einzelteilen besitzt, ist für jede Festlichkeit bestens gewappnet.

TISCHWÄSCHE, GESCHIRR, GLÄSER UND BESTECK

Wer oft Gäste einlädt, kommt selten mit der für den täglichen Gebrauch bestimmten Ausstattung an Geschirr, Besteck, Gläsern und Tischwäsche aus, die je nach persönlicher Vorliebe auch bunt zusammengewürfelt sein kann. Mit verschiedenen Teilen aus eigenen oder geliehenen Beständen, die miteinander gut harmonieren, lässt sich ein Tisch zwar hübsch decken, doch mit einem gewissen Grundstock zueinander passender Tischgerätschaften kann man in der Regel freier gestalten. Qualität und Aussehen der Ausrüstung hängen nicht nur vom persönlichen Geschmack, sondern auch von den finanziellen Möglichkeiten ab. Außerdem ist es eine Frage des Platzangebots, aus wie vielen Teilen die Grundausstattung bestehen soll, denn Geschirr und vor allem Gläser lassen sich nicht beliebig stapeln. Die folgende Aufstellung von Tischwäsche, Geschirr, Gläsern und Besteck soll keine starre Vorschrift darstellen, sondern lediglich eine Hilfe bei der Anschaffung bieten.

Tischwäsche gibt es in den unterschiedlichsten Farben und Materialien. Aus hygienischen Gründen sollten vor allem die Servietten bei mindestens 60 °C gewaschen werden können. Geeignet sind Gewebe aus Baumwolle oder Leinen, auch mit Beimischungen von Chemiefasern. Leinen hat einen edlen Glanz und häufig eine durch den Rohstoff bedingte grobe Struktur. Baumwolle lässt sich zu feineren Stoffen verarbeiten; die Beimischung von Synthetiks erhöht die Haltbarkeit und vermindert die Knitterneigung. Baumwolle und Baumwollmischgewebe können auch pflegeleicht ausgerüstet sein. Sehr schön wirken glänzender Damast und Jacquard mit eingewebtem Muster. Besondere Akzente lassen sich mit Überdecken setzen, die es in großer Auswahl gibt, beispielsweise bestickt, aus Spitze, aus zartem Chiffon, mit Durchbruchmuster oder Applikationen. Tische lassen sich jedoch auch ganz unkonventionell mit allen möglichen Stoffen und Bändern, mit Papier, Folien, Postern und sogar mit Landkarten decken.

Die Größe der Tischdecke entspricht der Tischgröße mit zusätzlich 25–30 cm Überhang an allen Kanten. Wenn die Tischplatte keine Normgröße hat, kann man passende Decken anfertigen lassen. Kommen so viele Gäste, dass der Esstisch nicht für alle reicht, behilft man sich mit großen Tafeln auf Böcken. Hier braucht man lange Tücher, um die unschönen Beine zu verdecken. Notfalls kann man sich mit Leintüchern und Volants aus Tüll oder Organza behelfen.

Für die Farbe der Tischdecke gilt: Erlaubt ist, was gefällt, wobei die Farben des vorhandenen Geschirrs und eventuell der Zimmereinrichtung zu berücksichtigen sind. Manche Porzellanhersteller bieten auf das Geschirr abgestimmte

Tischwäsche an, sonst passt zu einem bunt gemusterten Geschirr in der Regel eher eine einfarbige Tischdecke, die auch eine Kontrastfarbe zum Dekor haben darf. Mit der Farbe Weiß ist man bei der Grundausstattung meist gut beraten; sie lässt sich mit fast jedem Geschirr kombinieren und wirkt besonders festlich. Allerdings gibt es verschiedene Weißtöne, und auf einer reinweißen Tischdecke kann weißes Porzellan unangenehm grau oder gelblich wirken. Es empfiehlt sich, beim Kauf ein Geschirrteil mitzunehmen und die Wirkung sowohl bei Tageslicht als auch bei Kunstlicht zu beurteilen.

Bei der Wahl des Geschirrs kann angesichts der Vielfalt an Dekors in jeder Preislage nur der persönliche Geschmack ausschlaggebend sein. Was die Farbe betrifft, lässt man sich von ähnlichen Gesichtspunkten leiten wie bei der Tischwäsche; auch hier ist Weiß, eventuell mit einem Reliefmuster, zeitlos und wirkt sehr edel und festlich, zudem lässt es sich gut mit farbigen Teilen kombinieren. Als Material kommt in erster Linie Porzellan infrage, da es am feinsten und trotzdem sehr haltbar ist. Steingut und Feinsteinzeug wirken rustikal.

Bei aller Begeisterung für schöne Dekors und Gold- oder Silberränder darf man aber die praktischen Aspekte nicht vernachlässigen. Wer nicht gern abwäscht und nicht über

entsprechendes Personal verfügt, sollte darauf achten, dass das Geschirr spülmaschinenfest oder zumindest spülmaschinengeeignet ist. Nach dem Fest, dessen Vorbereitung viel Mühe gekostet hat, sollte man nicht noch Stunden in der Küche beim Spülen verbringen.

Ein Service wird in der Regel für sechs Personen angeboten; wenn man häufig mehr Gäste einlädt, muss man entsprechend aufstocken. Auch weil man immer mit einem natürlichen Schwund rechnen muss, beispielsweise mit kleinen Sprüngen und abgestoßenen Rändern oder zerbrochenen Teilen, empfiehlt es sich, zehn bis zwölf Gedecke zu kaufen. Meist bieten die Hersteller eine Nachkaufgarantie über einen bestimmten Zeitraum an, sodass man einen Grundstock nach und nach ergänzen oder beschädigte Teile ersetzen kann. Da es manchmal längere Lieferzeiten gibt, besorgt man den Ersatz am besten gleich, damit für die nächste Einladung das Geschirr rechtzeitig wieder vollständig ist.

Beim Speise- und Kaffeeservice gehören folgende Teile zum Gedeck:

- großer flacher Speiseteller
- Salat- oder Kuchenteller
- Suppenteller oder Suppentasse mit passender Untertasse
- Kaffeetasse mit Untertasse
- Schälchen für Dessert, das aber auch aus Glas sein kann

Das Gedeck kann durch verschiedene Teile erweitert werden, beispielsweise:

- Platzteller; er ist größer als der Speiseteller und bleibt auf dem Tisch, bis der letzte Gang abgeräumt wird. Er ist meist zum Service passend erhältlich, kann aber aus Metall oder Glas oder mit besonderem Dekor versehen sein.
- Brotteller
- Teetasse mit Untertasse
- Mokkatasse mit Untertasse
- Fondueteller

Das Serviergeschirr gibt es ebenfalls zum Geschirr passend. Servierplatten, Tortenplatten und Kannen kann man aber z. B. in Silber oder Edelstahl wählen und für Salat und Nachspeise Glasschüsseln verwenden. Schöne Einzelstücke oder Erbstücke lassen sich mit dem vorhandenen Geschirr gut kombinieren. Auch hier gibt es eine Empfehlung für die Grundausstattung, die bei Komplettangeboten in der Regel berücksichtigt wird. Für ein Essen mit mehreren Gängen bzw. zum Kaffee oder Tee sollten folgende Teile vorhanden sein:

- zwei verschieden große Fleischplatten
- zwei verschieden große Beilagenschüsseln, eventuell mit Deckel
- Suppenterrine
- Sauciere
- mehrere verschieden große Salatschüsseln
- Zuckerdose und Milchkännchen
- Kaffeekanne
- Teekanne
- Tortenplatte (ganz flach)
- Kuchenplatte (am Rand etwas erhöht)
- Königskuchenplatte (rechteckig)

Weitere Möglichkeiten, die Grundausstattung zu ergänzen, sind:

- Mokkakanne
- Etagere für Obst, Gebäck oder Konfekt
- Käseplatte
- Warmhalteplatten oder Stövchen

Das richtige Glas ist für Geschmack und Aroma der Getränke entscheidend. Ein gutes Glas erkennt man an der glatten Oberfläche und am schönen Klang. Es muss kratzfest, lichtecht und standfest sein, darf keinen wulstigen Rand haben und sollte farbneutral sein, damit die Farbe des Getränks nicht verfälscht wird. Mundgeblasene Gläser aus Kristall oder Bleikristall erfüllen alle diese Anforderungen. Bei nur gelegentlichem Gebrauch können gute Gläser maschinell gespült werden; kostbare und vor allem langstielige Gläser sollte man von Hand spülen.

Wichtig ist die Form des Glases, und da es für fast jedes Getränk ein spezielles Glas gibt, ist die Auswahl der Grundausstattung schwieriger als beim Geschirr. Hier ein Überblick:

- Rotwein und Cognac entfalten ihr Bukett am besten in großen, bauchigen Gläsern; sie werden höchstens zu einem Drittel gefüllt.
- Weißwein wird kühl getrunken, also darf das Glas nur so groß sein, dass man ohne Hast austrinken kann, bevor der Wein zu warm geworden ist.

- Rosé und Weißherbst schmecken in einem tulpenförmigen Glas mit nach außen gewölbtem Rand am besten.
- Prickelnde und belebende Getränke wie Sekt und Champagner serviert man in hohen, schlanken Flöten.
- Bier trinkt man aus Tulpen oder Bechern, deren Rand leicht nach innen gebogen ist. Das hohe Weißbierglas ist dagegen unten schmal und oben breiter. Für rustikale Feste wählt man einen Krug.
- Sherry- und Südweingläser haben eine ähnliche Form wie Weingläser, sind aber kleiner.
- In hohen, zylindrischen Gläsern werden Longdrinks angeboten.
- Cocktailgläser sind kelch- oder schalenförmig.
- Auch Wassergläser haben eine zylindrische Form und oft einen Stiel.
- Likörgläser haben einen nach außen gezogenen Rand.
- Obstbrand wird gut gekühlt aus Gläsern getrunken, die sich nach oben verjüngen.

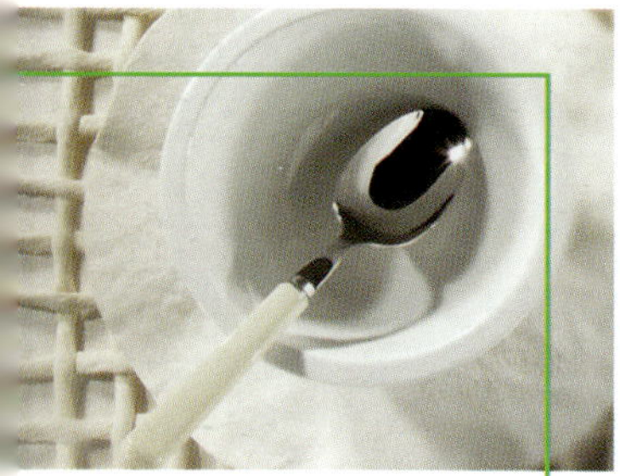

Zu jedem Gedeck sollte man Gläser für Weiß- und Rotwein, Sekt, Likör und Obstbrand haben. Wer sich zunächst nicht alle speziellen Gläser anschaffen will, kann sich mit einem Universalglas behelfen. Es ist bauchig mit einem kurzen Stiel und verjüngt sich nach oben; daraus kann man Wasser, Bier, Saft und zur Not sogar Cognac trinken.

Bei der Auswahl des Bestecks muss man sich zunächst für ein Material entscheiden. Edelstahl hat den Vorteil, dass er besonders haltbar, pflegeleicht und geschmacksneutral ist, sollte jedoch nie zusammen mit Silberbesteck oder anderen Metallen in der Spülmaschine gereinigt werden. Wer sich für Silber entscheidet, kann zwischen versilbertem Besteck mit einer Auflage von üblicherweise 90 g Silber auf 24 dm und Echtsilber wählen. Den Silbergehalt kann man am Stempel ablesen: Die Zahl 800 beispielsweise bedeutet, dass die Legierung aus 800 Teilen Silber und 200 Teilen Kupfer besteht; Sterlingsilber besteht zu 92,5 % aus Silber und ist deswegen relativ leicht zu verbiegen. Silberbesteck läuft schwarz an, wenn es längere Zeit unbenützt in der Schublade liegt, und muss mit Silberputzmittel gereinigt werden. Vergoldetes Besteck oder Besteck aus einer Goldlegierung ist eher selten und entsprechend teuer. Beim Kauf von Besteck mit Griffen aus Holz, Porzellan oder anderen Materialien sollte man sich genau nach der Pflegeanleitung erkundigen; Teile mit Holzgriffen dürfen beispielsweise nicht lange im Wasser liegen und nicht in der Spülmaschine gereinigt werden. Im Allgemeinen sollte bei der Anschaffung von Besteck wie auch Geschirr und Gläsern darauf geachtet werden, dass alles miteinander harmoniert; ein sehr rustikales Geschirr verlangt z. B. auch ein etwas handfestes Besteck und schwerere Gläser.

Bei der Grundausstattung an Besteck kann man mit wenigen Teilen beginnen und den Bestand mit der Zeit ergänzen, denn wie bei den Gläsern gibt es für fast jede Speise ein ganz spezielles Besteck. Die Anzahl der Essbestecke richtet sich nach der Anzahl der vorhandenen Gedecke.

Zur Grundausstattung gehören folgende Besteckteile:

- Menübesteck: Gabel, Messer und Löffel in einer mittleren Größe
- Dessert- oder Vorspeisenbesteck
- Kaffeelöffel
- Kuchengabel

Bei den Ergänzungsteilen kommt es unter anderem auf die eigenen Essgewohnheiten an. Wer selbst etwa keinen Fisch mag, wird ihn kaum bei einem Fest servieren und braucht sich wohl kein entsprechendes Besteck zuzulegen. Hier eine Übersicht über die Teile, die in zweiter Linie anzuschaffen sind:

- großes Tafelbesteck
- Fischbesteck
- Fonduegabeln
- Buttermesser
- Mokkalöffel
- Schneckenzange und Gabel
- Obstmesser

Als Grundausstattung beim Vorlegebesteck benötigt man:

- Salatbestecke
- Fleischgabeln in verschiedenen Größen
- Käsemesser
- Suppenschöpfer
- Saucenlöffel
- Gemüselöffel
- Kartoffellöffel
- Sahnelöffel
- Tortenheber
- Tortenmesser

Auch dazu gibt es Ergänzungen, oder man greift auf formschöne Einzelteile zurück.

Für die Anordnung von Geschirr, Besteck und Gläsern gibt es Regeln, die auch bei privaten Festen in unserer wenig förmlichen Zeit ihren praktischen Sinn haben. Und einen sorgfältig eingedeckten Tisch fasst jeder Gast als Kompliment auf.

KORREKT EINGEDECKT FÜR JEDE GELEGENHEIT

Wir leben in einer Zeit des ständigen Wandels und der Neuerungen, in der Formalitäten weniger wichtig geworden sind. Ist es dann noch zeitgemäß, bestimmte Regeln beim Tischdecken einzuhalten? Für den Gast sind sie auf jeden Fall von Vorteil, da er sich sehr schnell einen Überblick über das zu erwartende Menü verschaffen kann. Er kann seinen Appetit auf die Speisenfolge abstimmen und muss nicht schon beim Hauptgang passen. Auch weiß er bei fremdartigen Gerichten immer, welches Besteck zu verwenden ist, denn es wird grundsätzlich in der Reihenfolge der Speisen eingedeckt, und zwar von außen nach innen. Der stilvoll eingedeckte Tisch für ein mehrgängiges Menü wirkt wie ein Aperitif und versetzt den Gast in eine erwartungsvolle und festliche Stimmung.

Wichtig ist auch, dass jeder genügend Bewegungsfreiheit hat. 50 cm sind das Allermindeste bei einem runden Tisch; 60–70 cm sollten es schon sein, und 80 cm Platz sind ideal.

Zu einem Gedeck gehört alles, was eine Person für die jeweilige Mahlzeit benötigt: Geschirr, Gläser, Besteck und die Serviette. Von einem einfachen Gedeck spricht man, wenn das Menü aus Suppe oder Vorspeise, Hauptspeise und Dessert besteht. Bei einem erweiterten Gedeck werden noch zusätzliche Gänge gereicht, beispielsweise eine kalte oder warme Vorspeise bzw. eine Suppe oder sowohl ein Fisch- als auch ein Fleischgang.

Falls vorhanden, wird zunächst ein Platzteller eingedeckt, denn eine alte Regel besagt, dass der Gast immer vor einem Teller sitzen soll. Das ist aber heute kein Muss mehr, sondern eher ein dekoratives Element; man kann ebenso gut den flachen Speiseteller verwenden. Der Platzteller bzw. der Speiseteller steht auf jeden Fall einen Finger breit von der Tischkante entfernt. Darauf kommt entweder der Vorspeisenteller, der etwas kleiner ist, oder der Suppenteller. Darauf findet auch die kunstvoll gefaltete Serviette ihren Platz. Grundsätzlich werden niemals mehr als zwei Geschirrteile übereinander gedeckt.

Wird Brot und Butter gereicht, deckt man den kleinen Brotteller links neben den Gabeln ein. Nur bei Platzmangel kann er notfalls auch oberhalb der Gabeln stehen. Das Buttermesser oder ein kleines Vorspeisenmesser liegt parallel zu den anderen Messern auf dem rechten Tellerrand. Ist kein Brotteller vorhanden, kann man eine Untertasse nehmen.

Wird der Salat als Beilage serviert, steht der Salatteller links oberhalb der Gabeln.

Die Schälchen für das Dessert werden erst zum entsprechenden Gang aufgetragen.

Werden Krustentiere in der Schale gekocht serviert, deckt man links neben dem Teller eine Fingerschale ein. Dazu gehört eine zweite Serviette.

Das Besteck liegt in der Reihenfolge auf, in der gegessen wird, und zwar grundsätzlich von außen nach innen. Der Abstand zur Tischkante beträgt zwei Finger breit. In der Regel wird für Rechtshänder eingedeckt. Es gilt aber als ausgesprochen nette Geste, wenn auch der Linkshänder mit dem Essen anfangen kann, ohne umräumen zu müssen. Für den Rechtshänder gilt:

- rechts vom Teller die Messer und der Suppenlöffel
- links die Gabeln
- Messer und Löffel bündig parallel zur Tischkante
- Gabeln versetzt nach links oben
- Die Messerschneiden zeigen immer zum Teller, die Zinken der Gabeln nach oben und die Wölbungen der Löffel nach unten.
- Wer ein Besteck mit Wappen besitzt, deckt ausnahmsweise umgekehrt ein, sodass das Wappen sichtbar ist.

Das Dessertbesteck sollte nach Möglichkeit erst nach dem Hauptgang auf dem abgeräumten Tisch neu eingedeckt werden. Wird es jedoch gleich eingedeckt, geht man so vor:

- Das Messer liegt oberhalb des Tellers mit dem Griff nach rechts.
- Darüber liegt die Gabel mit dem Griff nach links.
- Wird dagegen ein kleiner Löffel für das Dessert benötigt, liegt er über der Gabel: Der Griff zeigt nach rechts.
- Der Griff der Dessertgabel zeigt nach links.

Wieder im Trend sind Messerbänkchen, die eine praktische Lösung des Problems „Wohin mit dem benützten Messer?“ bieten. Es wird schräg über dem großen Messer hingestellt. Im Grunde sind sie jedoch überflüssig, wenn für jeden Gang ein Besteck bereitliegt.

Fischbesteck wird immer mit eingedeckt. Andere Spezialbestecke kann man auch mit dem jeweiligen Gericht servieren. Sollen sie jedoch von Anfang an eingedeckt werden, gehören auf die rechte Seite Hummergabel, Schneckengabel, Austerngabel, Fonduegabel, Kaviarmesser und Kaviarlöffel. Auf der linken Seite finden Krebsbesteck, Schneckenzange und Hummerzange ihren Platz.

Man sollte nie zwei gleiche Teile nebeneinander decken. Bei der Anzahl der Besteckteile je Seite gibt es unterschiedliche Empfehlungen. Ob drei oder vier Teile auf einer Seite eingedeckt werden, hängt einerseits vom Platz ab, der zur Verfügung steht, andererseits vom Bestand. Wenn verschiedene Bestecke miteinander kombiniert werden müssen, empfiehlt es sich, sie erst mit dem Gericht einzudecken.

Das Besteck dient auch als Zeichensprache:

- Liegt das Besteck in Form eines nach unten offenen V auf dem Teller, heißt das: „Ich mache eine kleine Essenspause, bin aber noch nicht fertig."
- Das Besteck ist in den Händen und zeigt zur Tellermitte, die Handballen liegen auf dem Tisch. Das bedeutet: „Ich hätte gerne noch etwas von den Köstlichkeiten."
- Das Besteck liegt parallel, die Griffe nach rechts unten auf dem Teller, heißt so viel wie: „Ich bin satt. Es kann abgeräumt werden."
- Messer und Gabel liegen schräg am Tellerrand, die Griffe liegen auf dem Tisch. Das sollte man vor allem beim Essen mit dem künftigen Chef vermeiden, denn es ist ein Zeichen von schlechtem Benehmen.

Bei Gläsern gilt ebenfalls: nie zu viele Gläser miteinander eindecken. Wenn es ganz perfekt sein soll, steht an der Spitze des Messers zum Hauptgang das Richtglas zum Hauptgang. Bei einem Rehbraten z. B. wäre das ein Rotweinglas. Wer aber lieber Weißwein oder Rosé trinkt, darf das heute jederzeit tun. Auch Bier zur Mahlzeit ist erlaubt. Wenn der Platz reicht, deckt man am besten alle drei Gläsersorten ein. Niemals sollte man das Wasserglas vergessen, das ganz rechts steht und auch ein Longdrinkglas oder ein kleineres Weinglas sein darf. Wasser ist wichtig, weil es einerseits den Durst löscht und hilft, den Alkoholspiegel niedrig zu halten. Zum anderen neutralisiert es die Geschmacksnerven und macht sie aufnahmebereit für den nächsten Gang. Wasser mit einer Zitronenscheibe ist nicht sinnvoll, da sie sich auf den Geschmack des Weins negativ auswirkt.

Für die Einladung zum Kaffee oder Tee gibt es ebenfalls verbindliche Regeln. Ein perfektes Kaffee- oder Teegedeck sieht so aus:

- Die Kaffee- oder Teetasse steht rechts schräg oberhalb des Kuchentellers; der Henkel zeigt nach rechts.

- Der kleine Löffel liegt auf der Untertasse; der Stiel ragt über den Rand nach rechts.
- Die Kuchengabel liegt entweder rechts neben oder schräg auf dem Teller.
- Nach Wiener Kaffeehaus-Tradition steht das Wasserglas links von der Tasse.

Bei aller Korrektheit sollte man nicht vergessen, dass ein überladener Tisch wie ein übervoller Teller den Appetit verschlägt. Und wenn etwa das Glas für den Aperitif auf dem Tisch keinen Platz hat, ist es ohnehin netter, ihn in lockerer Runde im Stehen einzunehmen.

Mit der Serviette tupft man den Mund ab, bevor man trinkt, damit keine fettigen Abdrücke am Glas bleiben, und schützt auch die Kleidung vor Flecken. Neben dem praktischen Zweck darf die dekorative Funktion aber nicht vergessen werden.

SERVIETTEN FALTEN LEICHT GEMACHT

Ein Gedeck ohne Serviette ist nicht vollständig, und kunstvoll gefaltete Servietten sind häufig ein wesentlicher Teil der Tischdekoration. Es gibt sie passend zur Tischwäsche aus Stoff und mittlerweile aus Papier oder Zellstoff mit stoffähnlicher Struktur und im gleichen Muster wie die Tischdecke. Papierservietten gibt es auch in verschiedenen anderen Ausführungen: zart und duftig aus Japanpapier, etwas fester aus Zellstoff (Tissue) und besonders robust aus Vlies. Die Wahl der Serviette hängt oft von Farbe und Art der Tischdekoration ab; für festliche Anlässe ist eine Stoffserviette fast ein Muss. Stoffservietten sind außerdem in ökologischer Hinsicht vorzuziehen, denn man kann sie waschen und immer wieder verwenden.

Wie die Serviette gefaltet werden kann, hängt teilweise von der Größe ab. Stoffservietten sind meistens 50 x 50 cm oder 40 x 40 cm, seltener 45 x 45 cm groß. Die üblichen Papierservietten haben die Maße 33 x 33 cm, Vliesservietten in der Regel 38 x 38 cm. Mit einer 40 x 40 cm großen Serviette lassen sich fast alle Formen falten.

Oft genügt es, die Serviette zum Dreieck oder zum schmalen Rechteck zu legen. Oder man kann sie zusammenrollen und in einen Serviettenring schieben oder dekorativ zusammenbinden. Sonst sind bei den Faltungen der Kreativität keine Grenzen gesetzt. Viele können abgewandelt werden, und manchmal genügt es, eine Faltung einfach auf den Kopf zu stellen, um das Aussehen völlig zu verändern. Ein paar Punkte sind jedoch zu beachten, die für den anschließenden Gebrauch der Serviette von Bedeutung sind:

- Zu sehr gestärkte Servietten, die hart wie ein Brett sind, kann man einfach nicht benutzen.
- Stecknadeln oder Klebestreifen haben bei der Serviette nichts zu suchen. Eine Faltung muss von selbst halten oder durch einen Serviettenring o. ä. fixiert werden können.
- Blumen oder Zweige, mit denen man die Serviette dekoriert, dürfen nicht giftig sein.
- Süßigkeiten, die man zur Serviette legt, dürfen keine Spuren hinterlassen, was etwa bei Schokolade geschieht, die zu warm wird.
- Die Faltung muss so wirken, als hätte man sie mit wenigen Handgriffen gefaltet. Die Vorstellung, dass die Serviette sehr lange bearbeitet wurde, ist unangenehm.
- Die Serviette muss sich leicht entfalten lassen.

Größe: 40 x 40 cm. **Material:** gestärkte Stoffserviette (z. B. Satin mit Struktur) oder Tissueserviette; Vliesservietten nur bedingt

1. Alle Ecken der geöffneten Serviette (rechte Stoffseite unten) zur Mitte falten. Eventuelle Brüche ausstreichen.

2. Diesen Arbeitsschritt auf derselben Stoffseite mit den neu entstandenen Ecken wiederholen und die Serviette wenden.

3. Ein drittes Mal alle vier Ecken zur Mitte falten.

4. Die Mitte festhalten und die unter den Ecken liegenden Spitzen herausziehen; so entstehen gefüllte Blütenblätter.

5. Die unteren Ecken zwischen den Blütenblättern zur Hälfte hervorziehen.

BLÜTENZAUBER

Größe: 40 x 40 cm
Material: Stoffserviette (sehr dekorativ mit Spitzen an den Kanten) sowie Vlies- oder Tissueserviette

LILIE

1. Die geöffnete Serviette (rechte Stoffseite unten) diagonal hinlegen und nach unten zum Dreieck falten.

2. Von der Mitte der oberen Bruchkante ausgehend die rechte und linke Ecke zur unteren Ecke falten.

3. Diese Ecken wieder zur Spitze nach oben falten.

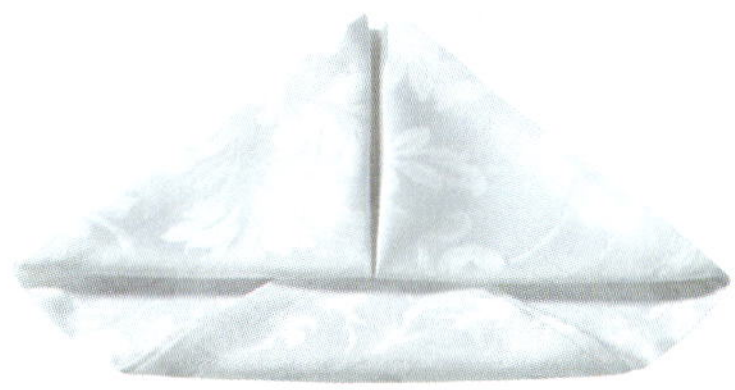

4. Die unteren Ecken zu etwa zwei Dritteln nach oben falten und unter die zwei Dreiecke schieben.

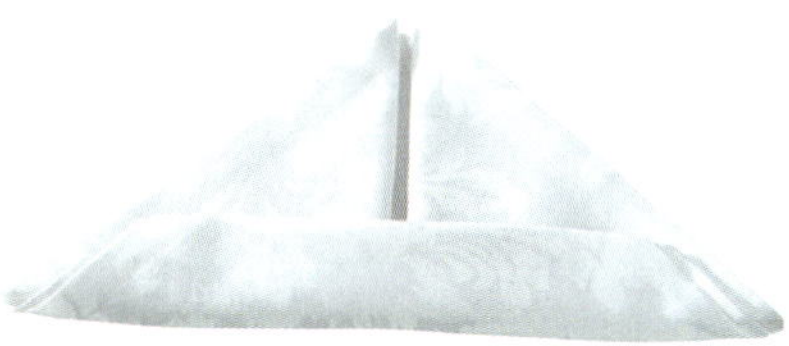

5. Die untere Bruchkante der Serviette nach oben falten.

6. Wenden. Seitliche Ecken nach vorn legen und ineinander stecken.

7. Die Spitzen der Dreiecke nach unten biegen und unter den Rand stecken.

Größe: 50 x 50 cm. **Material:** feste Stoffserviette sowie Vlies- und Tissueserviette

1. Die geöffnete Serviette (rechte Stoffseite unten) nach unten zur Hälfte falten. Der Bruch ist oben.

2. Das untere Drittel nach oben falten.

3. Das obere Drittel nach unten falten.

STIEFEL

4. Die rechte Seite entlang der Mittellinie nach unten falten. Dies mit der linken Seite wiederholen.

5. Die linke Hälfte auf die rechte legen. Wenden und um 90 Grad nach links drehen.

6. Das untere Teil einmal nach innen und nach unten drehen.

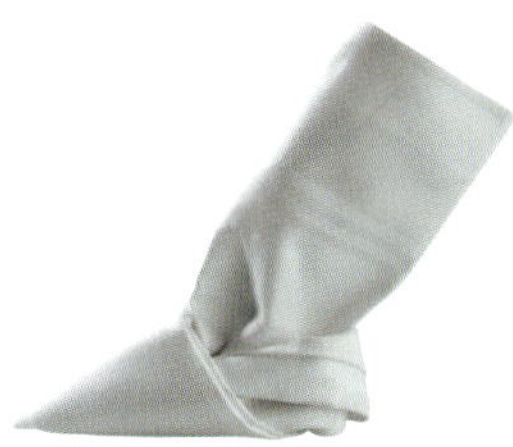

7. Das gedrehte Teil nach oben führen und unter dem Dreieck feststecken.

PEEL OFF

Größe: 40 x 40 cm oder 45 x 45 cm. **Material:** alle Serviettenarten

1. Geöffnete Serviette (rechte Stoffseite unten) diagonal hinlegen und nach oben zum Dreieck falten.

2. Die rechte und linke Ecke zur mittleren Spitze nach oben falten, sodass eine Raute entsteht.

3. Die untere Ecke nach oben falten, dabei aber einen etwa 3 cm breiten Rand lassen.

4. Die oben liegende Spitze wieder nach unten und etwa 1 cm über die Grundlinie falten.

5. Die beiden doppelten Spitzen ebenso nach unten falten.

6. Wenden. Die rechte und linke Ecke nach vorn führen und ineinander stecken.

7. Die Serviette aufstellen und die drei Spitzen etwas nach außen drehen.

TULPE

Größe: 40 x 40 cm. **Material:** Stoffserviette mit Spitze an den Kanten oder feste Vliesserviette

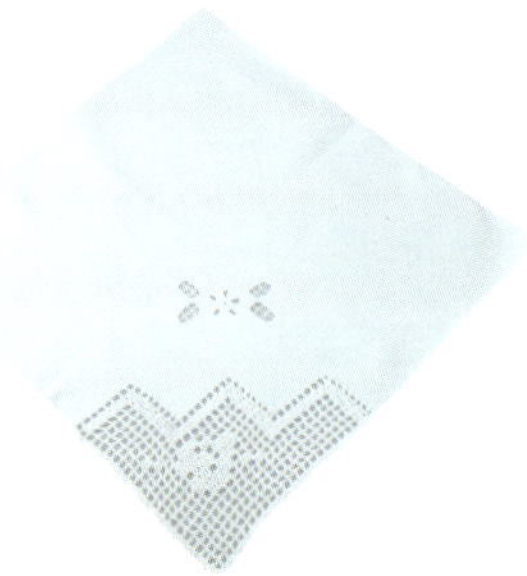

1. Die geöffnete Serviette (rechte Stoffseite unten) diagonal hinlegen.

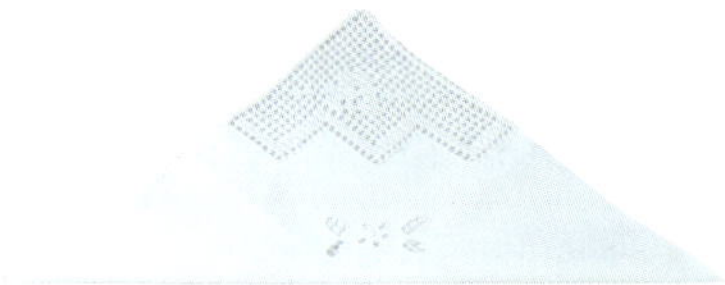

2. Zur Hälfte nach oben falten, sodass ein Dreieck entsteht.

3. Die rechte und linke Ecke zur mittleren Spitze nach oben falten.

4. Serviette wenden (geschlossene Spitze zeigt nach unten). Diese Spitze nach oben falten.

5. Die linke und rechte Ecke zur Mitte führen und ineinander stecken.

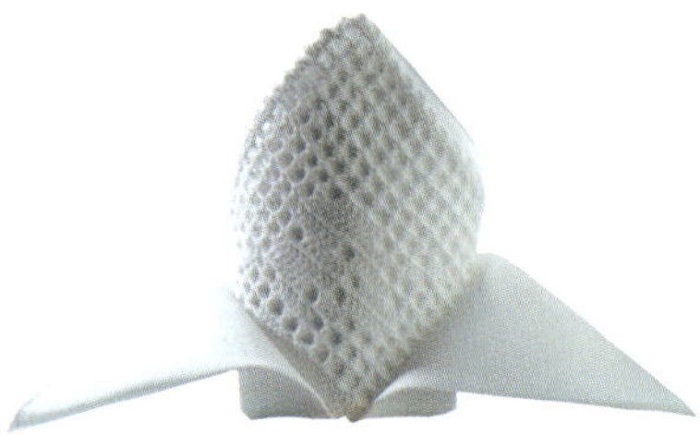

6. Die Serviette umdrehen, aufstellen und die beiden losen Spitzen nach unten ziehen.

Wie Servietten können Tisch- und Menükarten eine ausschließlich praktische Funktion haben. Festlicher wirken sie allerdings, wenn sie zum Anlass passend gestaltet und nach Möglichkeit in die Tischdekoration mit einbezogen wurden.

TISCH- UND MENÜKARTEN

Wer kennt es nicht: Alle stehen erwartungsvoll in der Nähe des wunderschön dekorierten Tisches, halten sich mehr oder weniger am Aperitifglas fest und wissen nicht so recht, wo sie sich hinsetzen sollen. Bei kleinen Einladungen mit wenigen Gästen kann man die Tischordnung noch mündlich übermitteln, oder jeder sucht sich seinen Platz selbst aus; bei großen Anlässen wie Hochzeiten und dergleichen sind Tischkarten aber auf jeden Fall unerlässlich. Ganz abgesehen von diesem Aspekt gibt es auch noch andere Gründe, die für Tischkarten sprechen:

- Tischnachbarn sowie Gegenüber, denen man bis dahin noch nicht vorgestellt wurde, kann man mit Namen anreden. Aus diesem Grund ist es vor allen Dingen bei größeren Festen mit vielen Gästen notwendig, den Vornamen und den Zunamen auf die Tischkarten zu schreiben.
- Die Gastgeber können die Gäste mit gemeinsamen Interessen nebeneinander setzen, damit sich interessante Tischgespräche ergeben.
- Gäste, von denen man annimmt, dass sie weniger gut miteinander harmonieren, sitzen weit voneinander entfernt.
- Bei einer kleineren Einladung mit guten Freunden kann man die Paare zur Abwechslung getrennt platzieren. So ergeben sich unter Umständen ganz neue Gesprächsthemen.

Vorgefertigte Tischkarten gibt es natürlich in großer Auswahl für jede Gelegenheit und für jeden Geldbeutel in Schreibwarengeschäften zu kaufen. Viel netter und persönlicher sind jedoch selbst gestaltete und von Hand beschriftete Tischkarten, die dazu noch auf die Tischdekoration abgestimmt sind. Man kann die Karten auch mit dem Computer gestalten. Je nach Größe ergibt ein DIN-A4-Blatt sechs bis acht Tischkarten.

Mit Fantasie und Kreativität lassen sich originelle Tischkarten herstellen, wie die Beispiele und Anregungen im vorliegenden Buch zeigen. Besonders schön gestaltete Tischkarten nehmen viele Gäste gern als Erinnerung an ein gelungenes Fest mit nach Hause. Es muss üb-

Peter

rigens nicht immer die übliche aufgestellte Karte sein. Steine und Muscheln können beschriftet werden, oder der Name wird auf ein Set oder eine andere Unterlage geschrieben.

Zur Herstellung von einfachen Tischkarten braucht man nur wenige Materialien:

- stärkeres Papier oder Karton
- Schere, evtl. Schneidemesser (Cutter) und Spezialscheren, die einen Zackenrand oder Ähnliches schneiden
- dicke Pappe, Brett oder Kautschukunterlage für das Schneiden mit dem Schneidemesser
- Lineal
- Anreißnadel oder stumpfe Nadel für einen perfekten Falz
- Stifte, Zeichenschablonen, Pinsel und Tusche oder breite Federn für die Beschriftung
- Materialien zum Gestalten wie verschiedene Papiere, Federn, gepresste Blumen, Spitzen, Bänder, Knöpfe, kleine Muscheln, Glimmer und vieles mehr
- Klebstoff, evtl. Klebepistole und für die Gestaltung mit Glimmer Holzleim.

Damit man die Karten aufstellen kann, sollten sie etwa die doppelte Größe von Visitenkarten haben. Um auch steiferen Karton exakt falten zu können, legt man das Lineal auf die Außenseite der Karte, ritzt mit der Nadel entlang der Linealkante die Faltlinie vor und faltet dann die Karte nach innen. Nach dieser Technik werden auch Menükarten gefaltet.

Die Beschriftung sollte so groß sein, dass der Gast sie im Vorbeigehen, ohne sich bücken zu müssen, noch gut lesen kann. Nach Belieben können die Karten mit allen möglichen Materialien noch weiter ausgeschmückt werden.

Menükarten sind wie Tischkarten vor allem bei großen Festen angebracht. Jeder weiß, was ihn erwartet und wie er seinen Appetit einteilen kann. Es gibt Vordrucke zu kaufen, in die man die Speisenfolge von Hand hineinschreibt, was aber bei einer großen Gästezahl viel Zeit erfordert. Auch hier kann man den Computer zum Gestalten und Beschriften einsetzen. Viele Restaurants bieten Menükarten an; sie bestehen meist aus einem eingelegten Blatt, das durch eine Kordel mit der Umschlagkarte verbunden ist. Menükarten können auch zusammengerollt und mit einem schönen Band zusammengehalten werden. In jedem Fall sollten folgende Angaben nicht fehlen:

- Anlass und Datum (bei einer Klappkarte außen)
- die Speisenfolge, deutlich unterteilt in die einzelnen Gänge (innen auf der rechten Seite)
- alle Getränke vom Aperitif über den Kaffee bis zum Digestif (innen auf der linken Seite)

Map of the
USA
Fred

Selbst Liebhaber unkonventioneller Tischdekorationen kommen kaum umhin, Blumen und Kerzen in die Gestaltung einer festlichen Tafel mit einzubeziehen. Doch welches Arrangement man auch bevorzugt, einige Gesichtspunkte sind zu beachten.

BLUMEN UND KERZEN ALS DEKORATIONSELEMENTE

Auch wenn inzwischen viele andere Elemente für die Tischgestaltung verwendet werden, sind festliche Anlässe wie etwa Taufe, Kommunion, Konfirmation, Hochzeiten sowie besondere Geburtstage und Jubiläen ohne Blumenschmuck und Kerzen einfach nicht vorstellbar. Am einfachsten ist es natürlich, entsprechende Gestecke in der Gärtnerei machen zu lassen. Die Fachkräfte beraten bei der Auswahl der Blumen und der Form des Arrangements für jeden Anlass. Man kann den Blumenschmuck aber auch selbst herstellen, was sich insbesondere im Sommer anbietet, wenn man Blumen im Garten hat. Erlaubt ist, was gefällt, was die Tischdekoration ergänzt, ohne überladen zu wirken, und was auch nach mehreren Stunden noch frisch aussieht.

Grundsätzlich gilt jedoch, dass keine giftigen Pflanzen zur Dekoration verwendet werden dürfen. Zu vermeiden sind Maiglöckchen und Herbstzeitlose, die sehr giftig sind, außerdem alle Krokusarten und der Fingerhut. Wenn aus einem bestimmten Grund eines dieser Gewächse unbedingt auf dem Tisch stehen soll, greift man am besten auf künstliche Blumen zurück. Zu stark duftende Blüten sind ebenfalls zu meiden, denn sie können das Geschmackserlebnis der Speisen beeinträchtigen.

Bei der Anordnung von Blumen und Zweigen für die Tischdekoration sind die Möglichkeiten fast unbegrenzt; hier sind nur einige von ihnen genannt.

- Gestecke in hohen Gefäßen, beispielsweise zweckentfremdeten Burgundergläsern
- niedrige Gestecke in kleinen flachen Schalen
- Schalen, in denen einzelne Blütenköpfe schwimmen
- verschieden hohe Gefäße (z. B. Flaschen) mit Einzelblüten
- üppige Arrangements in einer flachen Schüssel oder Terrine vom Service

- Zweige oder Ranken, in die Tischmitte oder um den „Ehrenplatz" herum gelegt
- Kränze aus Blüten und Zweigen
- Girlanden aus Blüten und Zweigen
- Gläser mit vielen grünen Pflanzenteilen in Wasser schwimmend, beispielsweise Blätter, Samenstände, unreife Äpfel, Zwetschgen und dergleichen
- über den Tisch gestreute Blütenblätter. Hier stört es auch nicht, wenn später das Serviergeschirr darauf gestellt werden muss.

Die Größe der Arrangements muss bei allen Varianten so bestimmt werden, dass auf dem Tisch noch Platz für das Serviergeschirr bleibt, für den Fall, dass die einzelnen Gänge nicht vorgelegt werden. Beim Ausmaß und bei der Höhe etwa eines Gestecks ist, ungeachtet des persönlichen Geschmacks, ebenfalls unbedingt zu beachten, dass die Sicht auf die Personen, die gegenüber sitzen, nicht versperrt wird. Es gibt nichts Unangenehmeres, als sich ständig nach rechts oder links beugen zu müssen,

wenn man ein Gespräch mit den Gästen auf der anderen Seite des Tisches führen will.

Kerzen mit ihren zahlreichen Einsatzmöglichkeiten dienen nicht nur der Gestaltung, denn angezündet verbreiten sie ein warmes, weiches Licht und zaubern eine behagliche Atmosphäre. Für sie gelten dieselben Richtlinien wie für Blumenarrangements: Sie sollen die Tischdekoration harmonisch ergänzen und dürfen nicht behindern. Sehr unangenehm ist es, wenn man von den angebotenen Speisen nehmen möchte und sich dabei fast verbrennt, weil die Kerzen so gestellt sind, dass man zwangsläufig über sie hinweg greifen muss.

Kerzen in hohen Leuchtern müssen ebenfalls so platziert werden, dass sie nicht die Sicht auf das Gegenüber versperren. Außerdem sollten die Kerzen einen so großen Abstand voneinander haben, dass sie sich nicht gegenseitig erwärmen können. Krumme Kerzen, deren Wachs aufs Tischtuch tropft, sind kein schöner Anblick mehr, auch wenn eine dicht gestellte Gruppe von Kerzen unangezündet recht apart wirkt. Für das gegenseitige Erwärmen ist in vielen Fällen nicht nur der fehlende Abstand, sondern die unterschiedliche Höhe der Einzelkerzen verantwortlich.

Auch in Gestecke aus frischen oder getrockneten Blumen können Kerzen effektvoll eingearbeitet werden. Insbesondere bei Trockengestecken oder Kunstblumen ist unbedingt darauf zu achten, dass durch die heruntergebrannten Kerzen kein Brand entstehen kann. Wichtig ist außerdem noch der sichere Stand, was durch verschiedene einfache Maßnahmen zu erreichen ist:

- Man verwendet passende Kerzenhalter, in die man etwas Wachs tropfen lässt, bevor man die Kerze hineinsteckt.
- In Gestecken bekommen die Kerzen einen sicheren Halt, wenn man je einen Steckdraht über einer Flamme erhitzt und die Kerzen darauf steckt.
- Ein passend zurechtgesägtes Stück von einem Brett kann ebenfalls zur Befestigung einer Kerze dienen. Man schlägt von unten einen Nagel durch, erhitzt ihn über einer Flamme und höhlt anschließend damit die Kerze aus; dabei muss man aber langsam und vorsichtig vorgehen, damit das untere Kerzenteil nicht bricht. Abhängig vom Anlass kann das Brett entweder unverkleidet verwendet werden, oder man versteckt es unter dekorativ arrangierten Zweigen, Bändern o. ä.
- Kein Problem mit der Sicherheit gibt es bei Kerzen, die in einer Schale mit Wasser schwimmen. Da die einzelnen Schwimmkerzen oft unterschiedlich lang brennen, sollte man rechtzeitig für Nachschub sorgen.

FAMILIEN-
feste

Feste wie Konfirmationen, Hochzeiten oder Geburtstage bleiben meist doch in schöner Erinnerung, auch wenn so manches Familienfest im Vorfeld eher zwiespältige Gefühle weckt. Die festlich gedeckten Tafeln oder die originellen Tischdekorationen, die auf den folgenden Seiten zu sehen sind, helfen sicher mit, dass Ihr Fest aus dem Einerlei sonstiger Feste herausragt.

TAUFE

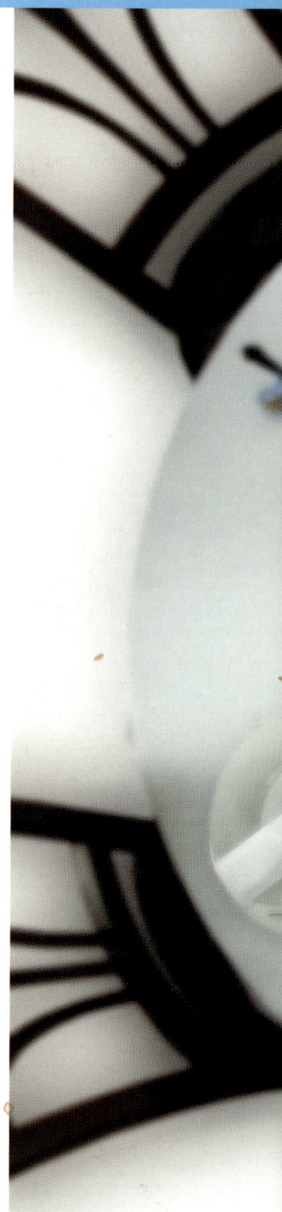

▲ **Namensbänder** Die Buchstabenperlen sind wie die Stoffröschen auf weißes Garn gefädelt, das – mit weißem Organzaband unterlegt – um die Serviette geschlungen wird.

◀ **Schnuller** Es gibt zahlreiche Utensilien wie Klappern oder Rasseln, die sich als Dekoration für eine Taufe eignen. Hier wurden blaue Schnuller gewählt, die farblich auf die beiden Tischbänder abgestimmt sind. Für alle Bestandteile des Gesamtarrangements kann auch Rosa oder eine andere Pastellfarbe gewählt werden.

▶ **Schühchen** Kleine Babyschühchen in Hellblau und Rosa sind das i-Tüpfelchen der Tischdekoration. Im nebenstehenden Beispiel stammen sie aus dem Dekorationsgeschäft. Man kann aber ebenso gut echte Babyschuhe, die der Täufling später geschenkt bekommt, oder Puppenschuhe nehmen.

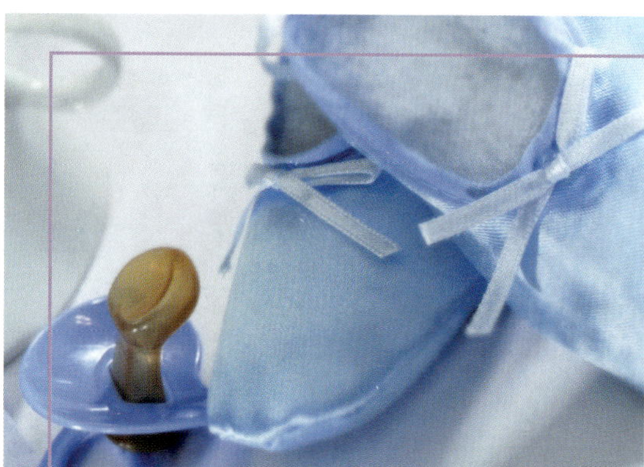

Ob zum Mittagessen oder zu Kaffee und Kuchen eingeladen wird – Pastelltöne und zarte Sträußchen aus Frühlings- oder Sommerblumen in Blau oder Rosa bieten sich zur Feier der Taufe besonders an.

Noch immer ist die Konfirmation eines der wichtigsten Familienfeste mit durchaus offiziellem Charakter. Die Tischdekoration sollte dies auch angemessen widerspiegeln.

KONFIRMATION

▲ **Herzlich** Der Hauptperson gebührt ein besonderer Platz: Ein anderes Geschirr, eine farbige Serviette und ein Glas mit Herzdekor wurden in diesem Beispiel gewählt, um den Ehrenplatz hervorzuheben.

▲ **Vergangenheit** Alte Konfirmationsbilder, vielleicht von Großmutter und Großvater oder von anderen Verwandten, illustrieren vortrefflich die Bedeutung der Konfirmation in der Familientradition und bieten gleichzeitig einen willkommenen Anlass, in Erinnerungen zu schwelgen. Die Fotos wurden auf einem Kopierer vergrößert und liegen auf schräg über den Tisch laufenden fliederfarbenen Bändern. Dieser Farbton wiederholt sich bei den auf dem Tisch verteilten Glasperlen.

▲ **Leuchter** Kerzen dürfen auf keinem festlich gedeckten Tisch fehlen. Dieser sechsarmige Leuchter passt sehr gut zu den alten Fotos. Die dünnen Kerzen nehmen die Farbe der Fliederzweige auf, die in passend getönten Glasvasen stehen.

Im Märchen wird der hässliche Frosch durch den Kuss der Prinzessin in einen schönen Prinzen verwandelt. Auch wenn die Verlobung auf weniger wundersame Weise zustande kam, bietet sich das Märchen als hübsches Motiv für die Feier an.

VERLOBUNG

◀ **Vergoldet** Große Seerosenblätter aus schillerndem Taft liegen als Namenskärtchen auf dem Tisch. Die Blätter werden mithilfe einer Schablone markiert und ausgeschnitten. Die Namen trägt man mit Konturenmittel in Gold aus dem Seidenmalereibedarf auf.

▶ **Märchenhaft** Seerosen, aus gelbgrünen Servietten kunstvoll gefaltet (siehe S. 19), schmücken die Verlobungstafel. Sie heben sich effektvoll vom schwarzen Geschirr mit dem Goldrand ab. Der hell- und dunkelgrüne Untergrund, die Platzteller in den verschiedenen Grüntönen, die Seerosenblätter, überall das Froschmotiv – sogar mit passenden Krönchen an den Suppentassen – und eine große Goldkugel machen die Märcheninszenierung perfekt.

Auch heute noch ist für viele Menschen der Tag der Hochzeit der schönste Tag im Leben. Das Besondere an diesem Ereignis unterstreicht die in Weiß gehaltene Tischdekoration. Nur die Rosen, die Kerzen und die Rosenblütenblätter setzen kleine Akzente.

HOCHZEIT

◀ **Blumen der Liebe** Auf das Tischtuch legt man Tüllbahnen, die man an den Seiten hinabhängen lässt. Dann wird der Tüll zwischen jedem Platz bis zur Tischkante gerafft und mit einem Faden oder einem dünnen Draht fixiert. Daran befestigt man je eine Rose mit dem Kopf nach unten und deckt zwischen den Raffungen ein.

▶ **Erinnerungsstücke** Individuelle Hochzeitsservietten werden von Wäschefirmen nach Entwürfen des Hochzeitspaares angefertigt. Die Stickerei sollte dabei so platziert sein, dass sie wie hier abgebildet durch die Faltung (siehe S. 23) richtig zur Geltung kommt.

Der Grund, warum man nach zwölf Jahren Ehe Petersilienhochzeit feiert, ist nicht überliefert. Früher galt das Kraut, das auf dem gedeckten Tisch natürlich nicht fehlen darf, als Schutz vor bösen Geistern.

PETERSILIEN-HOCHZEIT

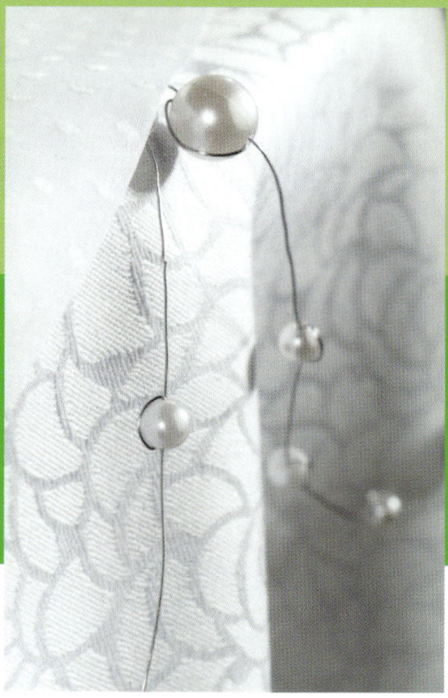

▲ **Perlenschmuck** Die Tischdecke, hier aus gemustertem Organza, wird mit einer Girlande aus dünnem Draht und Perlen geschmückt. Um die Perlen in den vorgesehenen Abständen zu fixieren, fädelt man jede auf, legt den Draht um sie herum und steckt ihn wieder durch die Bohrung. Von den Leuchtern mit den weißen Kerzen hängen Perlenketten hinab.

▲ **Perlenherzen** Die Herstellung der zierlichen Perlenherzen mit ihrem dezenten Glanz erfordert wenig Aufwand. Für jedes wird auf einem dünnen Silberdraht eine gerade Anzahl von Perlen aufgefädelt. Die Drahtenden werden anschließend fest verdrillt und so abgeschnitten, dass sie nicht mehr sichtbar sind. Zum Schluss den Perlenring zum Herz formen.

▲ **Petersilie** Bei der Wahl des Tischschmucks greift man sonst kaum zum Küchenkraut. Doch passend zum Anlass wird es hier in silbernen Übertöpfchen, von Perlen umgeben, in die Mitte des Tisches gestellt.

SILBER-HOCHZEIT

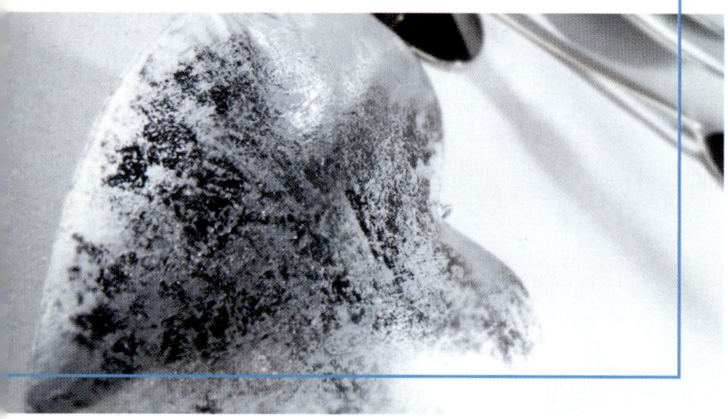

▲ **Eleganz** Silberglanz auch für die schön gefalteten Servietten (siehe S. 22). Passend dazu sollten auch Teller und Besteck von schlichter Eleganz sein und nicht mit einem auffälligen Dekor das Gesamtbild des Tisches beeinträchtigen.

◄ **Geäst** Zweige etwa von Weißdorn und Brombeerranken, sorgfältig von den Blättern befreit und mit Silberlack besprüht, werden sparsam eingesetzt. Man ordnet sie in der Mitte der Festtafel so an, dass ein Geäst entsteht. Durch silberne Kugeln und gläserne Kerzenständer ergänzt, verbreitet das Arrangement einen besonders festlichen Glanz.

▲ **Liebessymbol** Herzen als Symbol für die Liebe sind immer ein passendes Motiv für eine Hochzeitsdekoration. Eine besonders raffinierte Wirkung erzielt man, wenn man das Metallherz mit Blattsilber überzieht und dabei das Material des Untergrunds durchschimmern lässt.

Fünfundzwanzig Jahre Ehe – was liegt näher, als das Festbankett anlässlich der silbernen Hochzeit ganz in den Glanz des Edelmetalls zu hüllen.

Fünfzig Jahre verheiratet: Das ist wahrhaftig ein Grund zum Feiern. Bei der Gestaltung der festlichen Tafel sind vor allem klassische Eleganz und die Symbolfarbe Gold gefragt.

GOLDENE HOCHZEIT

▲ **Rosenblüte** Rote Rosen sind die Symbolblumen der Liebe schlechthin. Und deshalb steht hier an jedem Platz eine samtrote, voll erblühte Rose in einem kleinen Glas. Das kräftige Rot harmoniert mit dem Gold der Tischdekoration. Wenn so viele Gäste geladen sind, dass man Tischkärtchen braucht, kann man die Namen auf vergoldete Rosenblätter oder mit Goldstift auf Blütenblätter schreiben.

▲ **Goldene Zahl** Die Zahl 50, aus vielen vergoldeten künstlichen Rosen gelegt, markiert den Platz des Brautpaars oder die Tischmitte. Derartige Rosen erhält man in Dekorationsgeschäften.

▶ **Basis** Platzteller sind wieder sehr beliebt. Die rechts abgebildeten haben ein besonders schönes Dekor und verleihen dem klassischen Geschirr mit dem feinen Goldrand einen Hauch von Luxus. Sogar das Besteck glänzt mit vergoldeten Griffen.

Am Muttertag, der am zweiten Sonntag im Mai gefeiert wird, trifft sich oft die ganze Familie. Diese Kaffeetafel stimmt bis ins allerletzte Detail: Alles ist in Pink gehalten, sogar die Plätzchen und die Verzierung des Kuchens.

MUTTERTAG

▲ **Blütenteppich** Ein Stoff mit Rosenmuster bildet den Ausgangspunkt der Dekoration. Darauf sind Rosenblätter gestreut. Die herzförmigen Kerzenständer gibt es zu kaufen; wer jedoch basteln möchte, kann Holzherzen aussägen und mit passender Farbe bemalen.

▲ **Herztorte** Muttertagstorten in Herzform liefert natürlich der Konditor. Hobbybäcker können sie aber auch selbst backen. Dazu wird Biskuitmasse entweder in einer Herzform gebacken oder später mithilfe einer Schablone geschnitten. Den Biskuit schneidet man waagrecht durch und füllt ihn nach Belieben. Zum Schluss wird die Torte mit Sahne oder Creme bestrichen und garniert. Für das Gittermuster und die Rose, die aus ganz dünnen Marzipanblättchen zusammengesetzt ist, braucht man Lebensmittelfarbe und etwas Fingerfertigkeit.

Zum Gelingen der Kinderparty trägt auch die Tischgestaltung bei. Nicht nur von den Leckereien, sondern auch von den bunten Farben und den in die Dekoration einbezogenen Spielmöglichkeiten werden die kleinen Gäste begeistert sein.

KINDER-GEBURTSTAG

◀ **Farbenspiel** Statt einer Decke liegt weißes Papier auf dem Tisch. Darauf wurden mit verschiedenen Farben die Umrisse der Tellerchen gemal und mit Namen gekennzeichnet. Falls die Kinder noch nicht lesen können, finden sie anhand der Farben ihren Platz.

▶ **Buntstifte** Damit das Fest so reibungslos wie möglich verläuft, sorgt man am besten von vornherein dafür, dass sich die Kinder beschäftigen können. Mit den an die Servietten gebundenen Wachsmalstiften können sie das „Tischtuch" nach Herzenslust bemalen. Später kann es als Erinnerung an die Wand im Kinderzimmer geheftet werden.

Eine mit einfachen Mitteln improvisierte Waage als Blickfang in der Mitte des Tisches bietet sich für einen Geburtstag im Sternzeichen gleichen Namens an. Doch Vorsicht – sie wird mit Sicherheit den Spieltrieb mancher Gäste herausfordern!

STERNZEICHEN WAAGE

◀ **Sternzeichen** Ein nicht gehobeltes Brett stellt den Balken dieser einfachen Waage dar. Es ist auf einem Nudelholz gelagert, das durch kleine Keile gesichert wird, damit es nicht wegrollen kann. Auf dem Brett stehen Gläser mit Rosen und farbigen Teelichtern.

▶ **Ausgewogen** Die dezente Farbe der Rosen harmoniert sehr gut mit dem warmen Holzton von Brett und Tisch. Unter der Waage liegt ein breiter Tischläufer, das Geschirr wurde einfach auf die Tischplatte gestellt.

Von den im Sternzeichen Fische geborenen Menschen heißt es, sie fühlen sich im Reich der Träume und der Fantasie wohl und lieben den schwebenden Zustand im Wasser, ihrem Element.

STERNZEICHEN FISCHE

▲ **Wasserwelt** So wird der Tisch zur Wasserfläche: Über einer blauen Tischdecke liegt Irisfolie, die zerknüllt und wieder geglättet wurde. Für die Fische wird Filz doppelt zugeschnitten und mit Zickzackstichen bis auf ein paar Zentimeter zusammengenäht. Mit Bastelwatte stopft man sie leicht aus und näht dann die Öffnung zu.

▲ **Am Meeresgrund** Auch wenn die Wasserpflanzen künstlich sind, dürfen sie hier natürlich nicht fehlen. Der Schachtelhalm auf dem großen Foto erinnert an Schilfrohr und Binsen und macht mit den darin versteckten Fischen die Illusion perfekt.

▲ **Schokofisch** Kleine süße Geschenke kommen immer gut an. Hier steckt ein Fisch aus Schokolade, in bedruckter Silberfolie eingewickelt, in einem Beutel, der aus einem zusammengebundenen Stück Organza besteht. Hübsch sehen auch die Meeresfrüchte aus Schokolade aus, die es in der Konfiserie zu kaufen gibt.

Sie wollen zwar hoch hinaus, stehen aber dabei mit beiden Beinen fest auf der Erde. Passend zum felsigen Lebensraum der Steinböcke wurde Grau als Grundfarbe der Dekoration gewählt.

STERNZEICHEN STEINBOCK

◀ **Tischstein** Diese zum Thema passenden „Tischkarten" dienen gleichzeitig noch als Messerbänkchen. Geeignete Steine werden mit Wasser und Bürste gesäubert und mit den Namen versehen. Auch die Servietten passen dank ihrer interessanten Struktur perfekt zum Ambiente.

▶ **Felslandschaft** Auf dem Tisch wurde aus Steinen und Moos eine kleine Gebirgslandschaft aufgebaut. Darauf tummeln sich Steinböcke jeder Größe. Kaum jemand wird über eine so stattliche Sammlung verfügen. Die verschiedenen Exemplare kann man kaufen oder von Bekannten ausleihen, oder man setzt Steinböcke auf die Wunschliste zum Geburtstag. So können die Gäste mit ihrem Geschenk die Dekoration ergänzen.

Der Blick der im Sternzeichen des Schützen Geborenen ist zielsicher geradeaus in die Zukunft gerichtet. Ihr Symbol ist ein Pfeil, ihr Element ist das Feuer, das hier im kräftigen Rot und Gelb der kontrastreichen Farbzusammenstellung lodert.

STERNZEICHEN SCHÜTZE

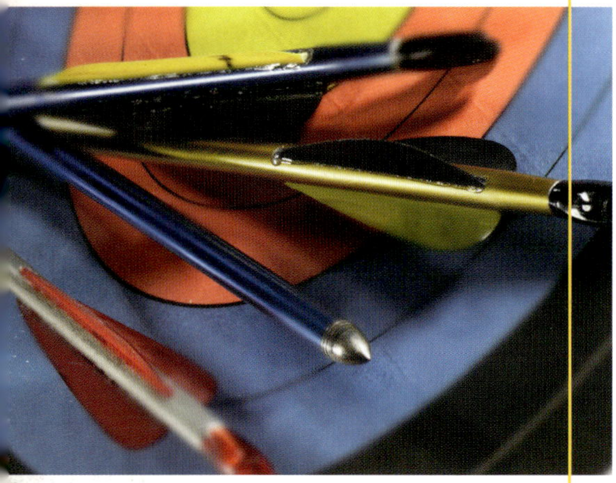

◀ **Pfeile** Diese originellen und farbenfrohen Papiersets sind gar keine richtigen, sondern Zielscheiben für das Bogenschießen. Sie sind 40 x 40 cm groß und in Sportwaffengeschäften oder über den Fachversand zu kaufen. Stilecht dazu sind echte Pfeile.

▶ **Bogen** Damit die Ausstattung dieses Sternzeichentisches in allen Details stimmig ist, werden die Zielscheiben und die Pfeile durch kleine Bogen ergänzt, die dem friedlichen Zweck als Serviettenringe dienen. Zur Herstellung braucht man biegsame Zweige etwa von einer Trauerweide oder einem Haselstrauch. Für jeden Bogen schneidet man ein etwa 16 cm langes Stück, rundet die Enden ab und kerbt es 1 cm von jedem Ende entfernt ein. Den Bogen biegt man mithilfe einer Schnur und spannt zum Schluss die Sehne an.

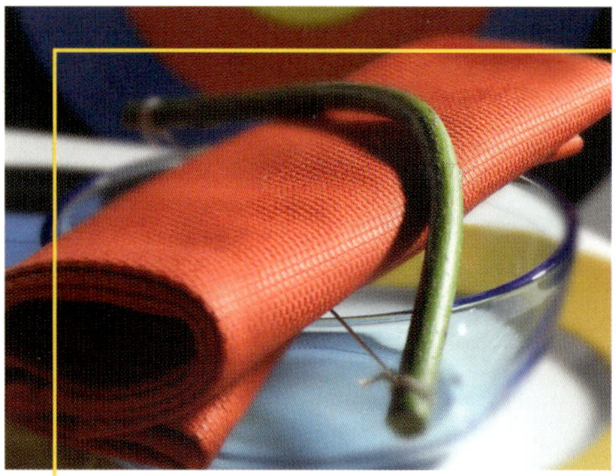

FESTE
im Jahreslauf

Der Kalender bietet zahlreiche Anlässe, Freunde und Bekannte einzuladen und zu bewirten. Aber auch im Kreis der Familie oder zu zweit schmeckt es an einem schön gedeckten Tisch einfach besser. Vom Neujahrsbrunch bis zum Silvestermenü: Im folgenden Kapitel finden Sie viele Dekorationsideen für Einladungen im Jahreslauf.

NEUJAHRS-BRUNCH

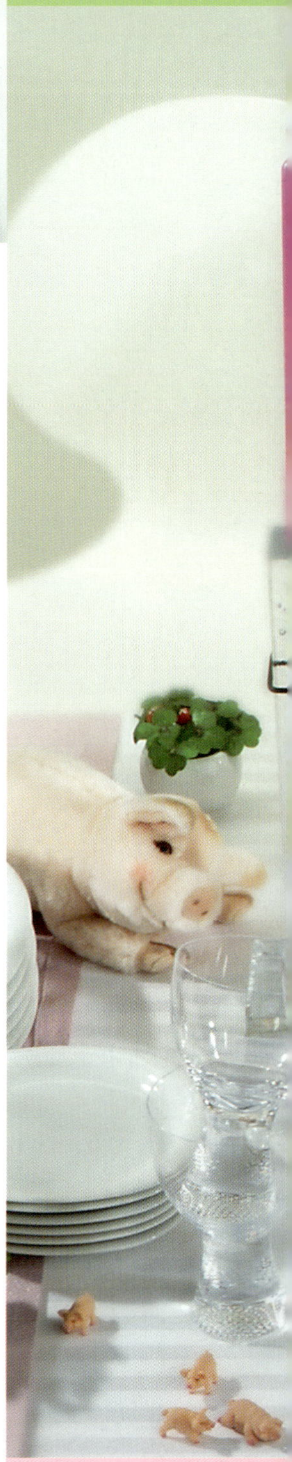

▲ **Blütenpracht** Blumen sollten auch auf diesem Tisch nicht fehlen. Statt der Calla eignen sich ebenso weiße Anthurien (Flamingoblumen) oder die Blüten von weißen Alpenveilchen.

◀ **Schwein gehabt** Glücksschweinchen zuhauf tummeln sich auf dem Tisch, und zwar in allen Variationen: aus Plüsch, aus Plastik oder, garantiert bei den Gästen besonders beliebt, aus Marzipan.

▶ **Glücksbringer** Glück verheißt auch der mit Glückspilzen verzierte vierblättrige Glücksklee. Man könnte den Klee statt mit Pilzen auch mit Glückspfennigen oder kleinen Schornsteinfegern bestücken. Derartige Arrangements kann man zum Jahreswechsel in jeder Gärtnerei kaufen.

Viel Glück im neuen Jahr – ein Motto, das man getrost auch noch auf das Katerfrühstück am Neujahrsmorgen übertragen kann. Und bei einer solchen Fülle von Glückssymbolen, wie hier versammelt sind, kann das Kommende nur positiv ausfallen.

In England, Frankreich oder den USA ist der 14. Februar schon seit langem das Fest der Liebenden. Inzwischen hat man den Brauch auch in anderen Ländern übernommen und feiert, wie sich's gehört, mit kräftigem Rot und vielen, vielen Herzchen.

KERZENSCHIMMER ZUM VALENTINSTAG

◀ **Rosenduft** Für eine romantische Stimmung bei diesem Candle-Light-Dinner für zwei sorgen die vielen roten Rosen. Doch nicht nur der große Strauß verbreitet einen herrlichen Duft – auch das Herzchen aus Organza trägt seinen Teil dazu bei, denn es ist mit Rosenblättern gefüllt.

▶ **Papierherz** Für dieses Herz wurde rotes Elefantenpapier verwendet. Nachdem man die Form ausgeschnitten hat, bringt man einen Draht an und biegt das andere Drahtende so zurecht, dass das Herz aufgestellt werden kann. Mit Herzen verziert ist auch die aus Japanpapier bestehende Tischdecke. In diesem Fall wurden die Herzchen mit Plaka-Farbe aufgestempelt. Die Stempel kann man kaufen oder aus Kartoffeln oder Moosgummi basteln.

Eine Tischdekoration, wie Kinder sie mögen: poppige Farben, buntes Geschirr, das stabil genug ist, um auch die wildeste Party ohne Schaden zu überstehen, jede Menge Luftschlangen, Lampions und etwas zum Basteln, damit der Spaß komplett ist.

FASCHINGSPARTY FÜR KIDS

▲ **Plastikschälchen** Die unzerbrechlichen Schälchen sind für vieles geeignet: Knabbernüsse, Popcorn, Brausestäbchen, Bonbons und sogar Lose kann man einfüllen. Die Lose sind als Siegprämien – oder als Trostpreise für die Verlierer – bei den Partyspielen bzw. für eine lustige Kindertombola gedacht. Vom Gutschein bis zum witzigen Spruch: Bei der Beschriftung kann man der Fantasie freien Lauf lassen.

▲ **Faschingsmasken** Diese Masken kann man, je nach Alter der Gäste, entweder selbst im Voraus oder beim Fest mit den Kindern zusammenbasteln. Dazu faltet man farbigen Fotokarton längs durch die Mitte und zeichnet Augen, Nase und Mund ein (Abstand Auge–Mund nicht mehr als etwa 7 cm). Dann schneidet man die Öffnungen und die äußeren Konturen aus. Oben und seitlich stanzt man Löcher, knotet bunte Wollfäden als Haare und Bindebänder hinein und klebt Pailletten auf.

Wenn das erste Grün zum Vorschein kommt, zeigen auch Schneeglöckchen und Christrosen ihre weißen Blüten. Der Jahreszeit gemäß sind bei diesem für einen ausgedehnten Brunch gedeckten Tisch Weiß und Grün die Leitfarben.

MÄRZFEST

▲ **Frühjahrsboten** Für diese originellen Blumengestecke pflanzt man Schneeglöckchen und Christrosen in Töpfchen, deckt sie ringsum mit Moos ab und umwickelt sie mit Streifen aus feinem Drahtgewebe – in Baumärkten wird es als Fliegengitter verkauft. Die Töpfe werden zum Schluss auf weißen Marmorkieseln gruppiert.

▲ **Weiße Pracht** Vlies ist hier für die Tischdecke das ideale Material – es erinnert an den allerletzten Schnee. Der Silberrand des Geschirrs und die raffiniert geformten Besteckgriffe harmonieren mit dem Drahtgewebe der Töpfe. Das zarte Frühlingsgrün der Gläser wiederholt sich in den Kordeln, die die Servietten zusammenhalten.

Ostereier einmal ganz anders: Statt mit den sonst üblichen Hühnereiern wurde dieser Tisch mit allem bestückt, was Vögel im Frühjahr in ihre Nester legen - vom exotischen Straußenei bis zum winzigen Wachtelei ist alles vertreten.

OSTERN NATUR

▲ **Eierlöffel** Auch Gänse und Enten legen Eier, die zum Verzehr geeignet sind. Diese – und noch viele weitere – kann man in gut sortierten Feinkostgeschäften kaufen. Wer aber solche Eier nur zu Dekorationszwecken einsetzen will, wird in Bastelgeschäften fündig. Dort sind ausgeblasene oder verblüffend echt aussehende künstliche Eier in allen Größen erhältlich.

▲ **Gefieder** Mithilfe eines Drahtes, der sonst als Halter für Luftballons dient, kann man kleine Eier über dem Tisch schweben lassen. Die obere Drahtschlaufe, die für den Knoten gedacht ist, wird nach außen gebogen und hält eine Feder. Das Ganze wird in ein mit Sand gefülltes Glas gestellt.

Für Familien heißt es zu Ostern früh aufstehen. Während die Kinder voller Ungeduld ihre Nestchen suchen, lädt der schön gedeckte Frühstückstisch zum Verweilen ein.

OSTER-FRÜHSTÜCK

▲ **Osternestchen** Für diese dekorativen Mini-Osternester wird so genanntes Katzengras etwa zwei Wochen vor Ostern ausgesät. Bis Ostersonntag ist es dann lang genug und kann in eine weiße Servietten eingewickelt und mit einem karierten Bändchen zusammengebunden werden. In die Mitte gehört natürlich ein Schokoladenei.

▲ **Bunte Eier** Sie dürfen auf keinem Ostertisch fehlen. Wer sich besonders viel Mühe machen will, gestaltet die Eier passend zur Farbgebung der Tischdekoration so wie diese ganz mit einem Karomuster in Pastelltönen überzogenen Dekorationseier. Sie liegen in einem zum Nest geschlungenen Geschirrtuch.

▲ **Zierdecke** Dieser Tischschmuck hat's in sich: 8–10 cm breite pastellfarbene Organzabänder werden wie Kettfäden beim Weben nebeneinander auf das Tischtuch gelegt. Dann werden die weiteren Bänder quer dazu eingewoben, das heißt abwechselnd unter und über die anderen gelegt. Auf dem Tisch liegen aus Organza ausgeschnittene Einzelblüten.

Im Mai zeigt sich überall das frische Grün des jungen Laubs, die Leitfarbe dieses Dekorationsvorschlags für eine Einladung zur Maibowle. Mit etwas Glück ist der Abend so mild, dass man nach dem langen Winter endlich draußen sitzen kann.

MAIBOWLE

◀ **Rupfendecke** Das zarte Gelb der Tischdecke schimmert durch den groben Rupfen, der hier als Überdecke verwendet wurde. Dieselben Farben wiederholen sich in den mit Blumenbildern geschmückten Griffen der Bestecke und in den Servietten, die in Form von Blüten gefaltet wurden (siehe S. 19).

▶ **Krabbeltiere** Auch wenn Maikäfer in der Natur immer seltener werden, hier dürfen sie natürlich nicht fehlen – als leckere Schokoladenhäppchen zum Knabbern. Einige sind auf natürliche oder künstliche Moospolster gebettet, andere krabbeln auf dem Rupfen.

Ende Juni erreicht die Sonne ihren höchsten Stand und beschert uns den längsten Tag und die kürzeste Nacht des Jahres. Nicht immer macht das Wetter mit, aber ob im Freien oder drinnen: Dies ist ein Anlass zu einer ausgedehnten Feier.

SONNWENDFEIER

◀ **Würziges** Kräutersträußchen, Knoblauchknollen und Chilischoten sind hier mit den Namenskärtchen zusammengebunden und einfach auf dem Büfett verteilt. Damit kann sich der Gast ganz zwanglos selbst einen Platz reservieren, bevor er sich am Büfett bedient.

▶ **Kerzenschein** Wer am längsten Tag bis tief in die Nacht hinein feiern will, sollte für eine stimmungsvolle Illumination sorgen. Was wäre dazu besser geeignet als der sanfte Schein von Kerzen? Anstelle von speziellen Windlichtern wurden hier einfache, unterschiedlich große Gläser mit farblich passenden dicken Kerzen bestückt.

Paul !
Simon !
Marvin !
Doris !
Paula !

ERNTEDANK

▲ **Getreide** Kleine Ährensträußchen sind an jedem Stuhl befestigt. Damit sich der große Ährenstrauß auf dem Tisch aufstellen lässt, wird er mit einer Schnur zusammengebunden und in der Mitte verdreht, bis er steht.

◀ **Herbstsonne** Jedem Gast eine kleine Sonne: Frische Sonnenblumen werden knapp unter dem Blütenansatz abgeschnitten und in wassergefüllte Glasschalen gelegt.

▶ **Gartenfrüchte** Kürbisse, Möhren, Äpfel, Trauben und anderes Obst und Gemüse dürfen zum Erntedank nicht fehlen. Auf einem breiten Tischläufer sind sie hier in Spankörben dekoriert und auf dem Läufer locker platziert.

Wer das Erntedankfest Anfang Oktober zu Hause würdig feiern möchte, muss entweder den Gemüseladen plündern oder aufs Land fahren, denn üppig mit Obst und Gemüse, ja sogar mit Getreide dekoriert sollte der zum Anlass passende Tisch sein.

Ein wenig Gruseln gehört zu Halloween am 31. Oktober dazu. Was hier am Vorabend von Allerheiligen gespenstisch dampft und in langen Schwaden aus dem Kessel wallt, wird mit etwas Trockeneis und heißem Wasser oder auch Nebelpulver für die Modelleisenbahn einfach erzeug

HALLOWEEN

▲ **Lampions** Passend zur Geisterstunde sorgt ein großer Kürbisgeist-Lampion für schummrige Beleuchtung. Auch einfache Windlichter können gruselige Effekte erzeugen. Hierzu schneidet man mit einem Cutter Fratzen aus Tonpapier aus, hinterlegt sie mit orangefarbenem Seidenpapier und klebt das Ganze um Marmelade- oder Einmachgläser.

▲ **Kürbisse** Die Frucht ist traditionell der Mittelpunkt der Halloween-Dekoration. An kleinen Zierkürbissen sind mit einem dünnen Golddraht künstliche Blätter mit den Namen der Gäste befestigt. Zudem heben sich Lampionblumen oder die etwas helleren Kapstachelbeeren mit ihren orangefarbenen Beeren gut vom breiten schwarzen Tischläufer ab.

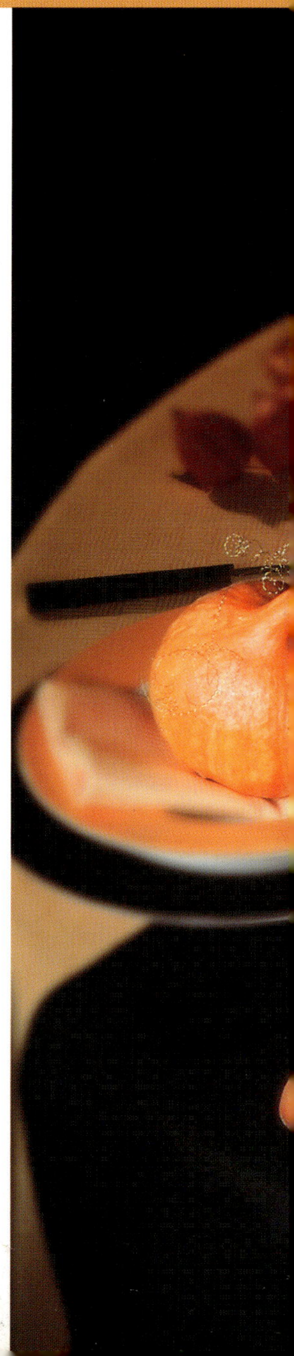

Sarah!

In der Adventszeit lädt man gern zu Kaffee und Plätzchen ein. Schon beim Anblick dieses reich gedeckten Tischs hat man den Duft von Zimtsternen und Lebkuchen in der Nase.

ADVENT

◀ **Notenblatt** Die locker zusammengelegte Serviette kommt in eine schnell zu bastelnde Serviettentasche. Man kopiert Noten auf ein farbiges Pergament, faltet die Bogen zur Hälfte und schlägt sie seitlich und unten ein. Das Ganze fixiert man mit Heftklammern und bindet zum Schluss eine dünne Goldkordel um die Tasche.

▶ **Adventskranz** Eine originelle Alternative zum üblichen Adventskranz ist dieser Kranz aus Maschendraht. In eine dekorative, zum Geschirr passende Schale gelegt, wird er dann mit Kugelkerzen und Sternen bestückt. In die Mitte legt man verschiedene Kugeln, Zapfen, Äpfel und Blüten.

Warum nicht einmal Anfang Dezember zur Feier des Nikolaustags Gäste einladen und ein schönes Essen servieren? Blank polierte rote Äpfel, Walnüsse in der Schale und eine dicke Kugelkerze sorgen für vorweihnachtliche Stimmung.

NIKOLAUS

◀ **Hinter Glas** Zapfen in allen Variationen sind hier dekorativ hinter einer Glashaube arrangiert. Selbstverständlich ist auch jedes andere große Glas dafür geeignet, beispielsweise ein auf den Kopf gestelltes Einmachglas oder eine zweckentfremdete Käseglocke.

▶ **Stiefel** Kleine Geschenke gehören zum Nikolausfest einfach dazu – natürlich in einem „Stiefel" dargeboten. Hier wurden Äpfel in ein Nest aus feinen Goldfäden gebettet und in eine zum Stiefel gefaltete Serviette (siehe S. 21) gesteckt. Zusätzlich zur Grundfaltung wurde bei dieser Serviette noch der obere Teil wie bei einem Stulpenstiefel nach unten geschlagen.

Weg mit dem Weihnachtsallerlei! Dieses Arrangement ist etwas für all die, die das Ausgefallene lieben: Pink und Orange leuchten in allen Farbnuancen nicht nur bei den Dekorationselementen, sondern auch bei Geschirr und Besteck.

WEIHNACHTEN

◀ **Trockenfrüchte** Die orangefarbenen Früchte der Lampionblume eignen sich hervorragend zur Dekoration. Hier werden jeweils zwei Früchte und eine pinkfarbene Christbaumkugel mithilfe eines dünnen Messingdrahts an eine Serviette gebunden. Da die Früchte im getrockneten Zustand etwas empfindlich sind, sollte man den Stiel vorsichtig umwickeln und dabei nicht zu viel Druck ausüben.

▶ **Lichterglanz** Traditionsgemäß sorgen Kerzen für die Beleuchtung der weihnachtlichen Szenerie. Ihr warmes Licht spiegelt und vervielfacht sich in allen Gläsern und Kugeln. Hier wurden lange, dünne Kerzen verwendet, kombiniert mit Weihnachtskugeln in Pink, Orange und Gold. Bunte Teelichter in Gläsern, auf dem ganzen Tisch verteilt, und Blüten in Goldgelb und Orange zwischen den Kugeln vervollständigen die Farbharmonie.

Eine festliche Tafel stimmt auf das Weihnachtsessen ein. Die Wirkung des Geschirrs mit dem kräftigen Muster unterstreicht der Farbkontrast zwischen Tischläufer und weißem Tischtuch.

WEIHNACHTEN TRADITIONELL

▲ **Rote Blüte** Amaryllisblüten und -knospen werden knapp unter dem Blütenansatz abgeschnitten und in flache, mit Wasser gefüllte Glasschalen gelegt. Wer seine weihnachtliche Tischdekoration frühzeitig plant, kann die Amaryllis sogar selbst auf der Fensterbank heranziehen. Bei genügend Licht und Feuchtigkeit wächst sie in wenigen Wochen heran. Ist sie verwelkt, schneidet man die Blätter nicht ab, dann kann sie wieder blühen.

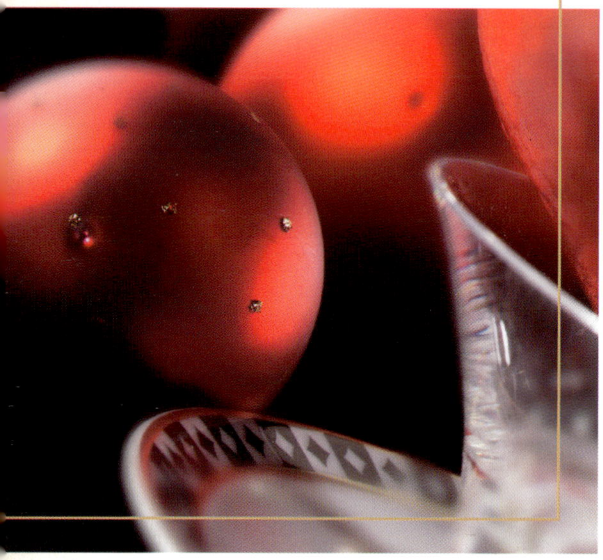

▲ **Weihnachtsdeko** Kugeln, Glitzersterne und Weihnachten gehören einfach zusammen. Hier nehmen sie die Farben der Blütendekoration auf: warme Orangetöne und Abstufungen von Braun. Kleine, glitzernde Sternchen auf den Kugeln setzen zusätzliche Lichtpunkte. Ergänzt wird alles durch den warmen Schimmer der goldenen Säulenkerzen auf quadratischen Kerzenständern.

▲ **Stilsicher** Eine dünne Goldkordel wird mehrfach um die Serviette gewickelt und festgebunden. Daran befestigt ist eine kleine orangefarbene Kugel, wie die übrigen aus mattem Glas. Alternativ oder auch zusätzlich kann man hier ein Namenskärtchen befestigen.

Zum Jahreswechsel sollte man keinesfalls auf kräftige Farben verzichten, die hier für eine äußerst edle Tischdekoration eingesetzt wurden. Einen zusätzlichen Hauch von Eleganz bringen die Anthurien und Nelken.

SILVESTER

◀ **Knallbonbons** Überraschungen, Glückssymbole oder Kärtchen mit guten Wünschen für die Zukunft können als bunte Knallbonbons verpackt und zugleich als Tischkärtchen verwendet werden. Hierfür benötigt man lediglich etwas Seidenpapier, das um eine Papprolle gewickelt, mit einer dünnen Folie überzogen und an den Enden zugebunden wird.

▶ **Teelichter** Mit wenig Aufwand lassen sich Spiralreiniger aus Edelstahl mit einfachen Teelichtern in originelle, silbrig glänzende Kerzenhalter verwandeln. Dabei wirken die Kerzen am besten, wenn sie in passender Farbe zur restlichen Dekoration in kleinen Gruppen auf dem Tisch verteilt werden. Passend dazu werden die Vasen mit einem Stück Metall-Dekoschlauch überzogen.

TISCHDEKO
im Ethnolook

Durch die Begegnung mit Menschen anderer Gegenden und fremder Länder lernt man auch deren besondere Tisch-und Esskultur kennen. Ob Sie nun zu einem besonderen Nationalgericht einladen oder Erinnerungsstücke aus Ihrem Urlaubsland mit einbeziehen wollen: Dieses Kapitel zeigt Ihnen zahlreiche Möglichkeiten, wie Sie Ihren Tisch im Ethnolook gestalten können.

Ben !

Möwen, Muscheln und Kieselsteine vom Strand, Fischernetze, Bootsleinen – alles Dinge, die sofort die Atmosphäre der Nordseeküste und der Friesischen Inseln entstehen lassen und einen stilechten Rahmen für die gemütliche Teestunde bilden.

FRIESENTEE

▲ **Serviettenhalter** Das Geschirr mit dem klassischen Blumenmuster in Blau und Weiß verlangt nach einer Ergänzung, die das Maritime unterstreicht: Die Servietten mit dem Jacquardmuster sind mit einer weiß-blauen Kordel und einer schönen Feder zusammengebunden.
Zum Tee gibt es feines Gebäck, etwa leckere Knusperkekse, aus einem Mürbeteig gebacken, für den man, passend zum Friesentee, braunen Zucker verwendet. Den größten Teil des Mehls ersetzt man durch kernige Haferflocken.

▲ **Stein** Zum harmonischen Gesamtbild trägt das leuchtende Blau der Tischdecke bei, das genau dem Ton der Blümchen auf Geschirr und Serviettenkordel entspricht. Rund um den Tisch haben wir ein grobes Seil drapiert, dessen Windungen an der Tischkante mit Netzstreifen bedeckt und durch Kieselsteine und Muscheln fixiert werden. Vorsicht: Beim Dekorieren darauf achten, dass das Seil nicht zu weit nach unten hängt, damit niemand daran hängen bleibt.

Bei dieser japanisch inspirierten Tischdekoration mit ihren klaren Linien und starken Farbkontrasten dominiert das Rechteck, das sich im Geschirr, der Vase, der Platzkarte und dem quer aufgelegten Tischläufer wiederholt.

SUSHI & CO

◀ **Glanzblume** Die kräftig roten Anthurien stecken in gebündelten Reismehlnudeln. Die Blüten bekommt man von der Gärtnerei in einem schmalen, mit Wasser gefüllten Orchideenröhrchen, um das die Nudeln gebündelt und straff abgebunden werden. Von der Mitte aus gegeneinander verdrehen, bis sich das Bündel aufstellen lässt.

▶ **Kalligraphie** Die Tischkarten aus feinem Japanpapier sind schnell hergestellt. Der Namenszug verläuft von oben nach unten und soll ein wenig an die kunstvollen japanischen Schriftzeichen erinnern. Für jedes Namenskärtchen braucht man ein etwa 9 x 13 cm großes Stück Papier, das an den Längsseiten 1 cm nach hinten gefaltet wird. Die Namen schreibt man am besten mit einem dicken, wasserfesten Filzstift, damit die Farbe nicht verfließt. Mit einem Cutter bringt man oben und unten je einen 4 cm langen Schnitt an, durch den dann die Stäbchen geschoben werden.

TINA

Kräftige Farben prägen diese Dekoration, die den ganzen Zauber der Südsee auf die Festtafel holt. Die Kombination aus Kunstgegenständen, exotischen Früchten und tropischen Blüten erfreut Augen und Gaumen gleichermaßen.

ALOHA

▲ **Blütenschmuck** Einzelne Hibiskusblüten sind auf die Teller und Schüsseln verteilt, denen ein großes Bananenblatt als Unterlage dient. Vielleicht fühlt sich der eine oder andere weibliche Gast sogar dazu verführt, die Blumen nach Hawaii-Art ins Haar zu stecken. In Dekogeschäften sind auch künstliche Blüten erhältlich, die den echten zum Verwechseln ähneln.

▲ **Fruchtige Leckereien** Ein Namenskärtchen in Bananenform ist mit Bast an den Stiel einer Grandilla gebunden. In gut sortierten Gemüsegeschäften sind noch viele andere exotische Früchte, etwa Papayas und Kumquats, erhältlich, die gut auf diesen Tisch passen. Damit sie auch gegessen werden, sind Hinweise zur richtigen Handhabung angebracht: Grandillas halbiert man mit einem scharfen Messer und löffelt sie dann aus. Papayas schneidet man längs durch die Mitte, entfernt die Kerne und isst sie mit dem Löffel. Kumquats werden mit heißem Wasser gewaschen und samt Kernen und Schale verzehrt.

Ben !

1001 NACHT

▲ **Kerzen** Ein Blumenarrangement wäre hier fehl am Platz. Stattdessen steckt man viele dünne Kerzen in eine passende Schale. Damit sie Halt haben, füllt man die Schale mit roten Linsen oder mit Sand. Statt der Kerzen kann man auch Räucherstäbchen verwenden.

◀ **Ornamente** Die Tischkärtchen sind aus goldglänzendem Tonpapier hergestellt. Sie lassen sich sehr gut mithilfe von Schablonen verzieren, die sonst für Henna-Tatoos oder Monogramme verwendet werden. Die Bogenkanten entstehen beim Schneiden mit einer Spezialschere.

▲ **Wohlgerüche** Nicht nur der Duft der Kerzen bzw. der Räucherstäbchen spricht die Sinne an. Auch das Aroma von Früchten wie Orangen, Feigen und Datteln sowie von Zimtstangen und anderen Gewürzen zaubert einen Hauch Orient. Farbiges Glas und Messingteller unterstreichen den morgenländischen Charakter dieser Tischdekoration.

So mag die Tafel der Scheherazade ausgesehen haben, der orientalischen Prinzessin, die ihren königlichen Gemahl mit ihren Erzählungen durch tausendundeine Nacht zu fesseln verstand.

Dieser eher rustikal gestaltete Tisch weckt Erinnerungen an den letzten Italienurlaub oder lässt sehnsüchtig an den nächsten denken. Urlaubsstimmung kommt richtig auf, wenn das Wetter es erlaubt, das Essen im Freien stattfinden zu lassen.

TOSKANA

▲ **Kräutermischung** Es müssen nicht immer Blumen als Tischschmuck sein. Stattdessen kann man – passend zum Thema Toskana – auch die typischen Kräuter der italienischen Küche als Dekoration verwenden. Oregano, Rosmarin, Thymian, Majoran und Salbei setzen einen frischen grünen Akzent. In dekorative alte Metallpokale gepflanzt, passen sie hervorragend zum rohen Holz des Tisches. Originell ist auch die leere Tomatendose als Pflanzgefäß für den Rosmarin & Co.

▲ **Knabberstange** Zum ländlichen Ambiente passt das grobe Leinen von Tischläufer und Servietten. Auf jede Serviette wurden mit Bast ein Rosmarinzweig, Salbei und eine Grissinistange gebunden. Das gemusterte Geschirr, das schwere Besteck, die Etagere mit Gemüse der Mittelmeerregion, der mehrarmige Leuchter und der Olivenzweig in einer hohen Vase runden das Italienbild perfekt ab.

NOCHE MEXICANA

▲ **Grüne Tischgesellen** Für diese Tischdekoration wurden verschiedene Sukkulenten in Terrakottatöpfchen gepflanzt und dann in weißen Kies gebettet. In Mexiko gibt es viele Töpfereien, die Geschirr in Handarbeit formen und in der Regel bunt bemalen.

▲ **Buntes Glas** Ebenfalls aus Mexiko sind die Gläser, der Krug, die Schälchen und der formschöne Serviettenring, den man auch als Messerbänkchen verwenden kann. Sie bestehen alle aus buntem Recycling-Glas.

Mit Mexiko verbinden viele nur Säulenkakteen, Sonne, Sand und Sombreros. Doch dieser für ein abendliches Fischessen gedeckte Tisch greift andere typische Aspekte heraus und erinnert daran, dass das Land auch viele Kilometer Küste hat.

In den Nationalfarben der USA ist das Dekor für dieses Barbecue gehalten. Die Tischdecke, das Geschirr, die Servietten und auch die Tischkarten in der Gestalt der berühmten New-Yorker Freiheitsstatue sind alle genau darauf abgestimmt.

AMERICAN BARBECUE

◀ **Statue of Liberty** Diese originellen Tischkarten kann man mit wenig Aufwand basteln: Die Umrisse der etwa 17 cm hohen Figur werden auf Tonpapier kopiert und ausgeschnitten. Zum Aufstellen faltet man einen 4,5 x 8 cm großen Streifen L-förmig und klebt den kürzeren Teil senkrecht auf die Rückseite. Zum Schluss wird die Figur mit Klarlack angesprüht.

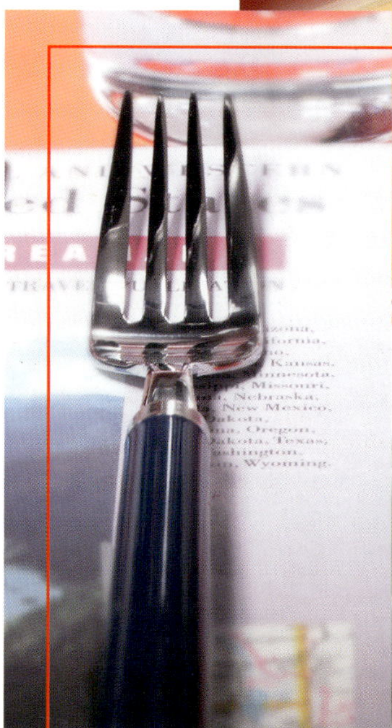

▶ **Kartenunterlage** Statt der Servietten, die gestapelt auf dem Tisch liegen, findet jeder Gast eine Landkarte der USA unter seinem Besteck – Anregung für Gespräche über frühere oder zukünftige Reisen über den Atlantik. Die Marshmallows werden aufgespießt, gegrillt und zwischen zwei Keksen wie ein Sandwich gegessen. Eine Stars-and-Stripes-Flagge als Tischtuch stimmt die Gäste zudem auf das Thema ein.

Monika

Im Frühsommer wird die Provence vom betörenden Duft der Lavendelfelder durchzogen, die sich wie ein blauviolettes Meer bis zum Horizont erstrecken. Auf diese hauchzarte Blütenfarbe sind die anderen Töne dieser Tischdekoration abgestimmt.

CAFÉ PROVENCE

◄ **Blütenherzen** Für die Rückseite der Herzen wird je eine Kante von zwei Organzastreifen gesäumt und überlappend aufeinander gelegt. Darauf kommt eine zweite Stofflage (Vorderseite), dann Papier mit aufgezeichneter Herzform. Man steckt alle Lagen fest, näht sie durchs Papier zusammen und schneidet die Form mit Nahtzugabe aus. Das Papier wird entfernt, das Herz durch die Rückseite gewendet und mit Lavendel gefüllt.

▲ **Lavendel** Kleine Sträußchen werden auf die Servietten gebunden, deren zartes Blau mit den sanften Farbtönen der Blüten und des Geschirrs harmoniert. Die Überdecke ist aus demselben Organza, aus dem auch die Herzen genäht wurden.

FARBEN-spiele

Dass Farben einen großen Einfluss auf die Stimmung haben können, ist längst kein Geheimnis mehr. Eine Kombination von Schwarz und Weiß schafft beispielsweise eine eher sachlich kühle Atmosphäre, während ein Farbenspiel von Orange und Pink für eine fröhliche Stimmung sorgt. Lassen Sie sich also von den zauberhaften Farbkompositionen der folgenden Seiten inspirieren.

L'ORANGE

▲ **Farbenspiel** Krepppapierbahnen, Teller und Gerbera in Orange und Pink, immer abwechselnd miteinander kombiniert, ziehen sofort den Blick auf sich. Die Glasschalen mit den großen Blüten werden während des Essens als zusätzlicher Tischschmuck beiseite gestellt.

◀ **Gummiband** Das Besteck mit den orangefarbenen Griffen ist in eine Serviette gewickelt. Zusammengehalten wird das Ganze von flauschigen Gummibändern. Selbst die Gläser mit ihren pink- und orangefarbenen Streifen fügen sich perfekt in das Farbschema dieser Dekoidee ein.

▶ **Kerzenteich** In der Mitte des Tisches steht Oein tiefer Teller, in dem Schwimmkerzen in Blütenform im Wasser treiben. Doch Vorsicht: Das Krepppapier sollte nicht nass werden, denn es färbt sehr stark ab. Es empfiehlt sich, die Tischplatte zur Sicherheit mit einer durchsichtigen Plastikfolie zu schützen.

Think Pink! Orange und Pink in verschiedenen Abstufungen setzen kräftige Farbakzente auf diesem Tisch.

Diese Gestaltungsidee begeistert sicher alle, die eine schlichte Tischdekoration mit möglichst natürlichen Bestandteilen bevorzugen. Papier ist hier der wichtigste Werkstoff, der auf vielfältige und einfallsreiche Weise eingesetzt wird.

NATÜRLICH NATUR

Papiergitter Diese originellen Sets sind aus dicker Papierschnur gewoben und hart gestärkt. Alternativ kann man auch naturfarbene, grob gewebte Sets aus Baumwolle oder ein Stück Karton oder Wellpappe in entsprechender Größe verwenden.

Schalen Filtertüten werden als Behälter für Mandeln, Zucker und Schleierkraut und die Gläser mit Teelichtern zweckentfremdet. Die Filtertüten – man kann auch ungebleichte verwenden – werden geöffnet und am Boden so abgeflacht, dass sie sich aufstellen lassen. Die Gläser sind passend zu den Naturtönen mit Bast umwickelt und lackiert.

Im Sand liegen, die Sonne und eine leichte Brise auf der Haut spüren, vor sich das Meer mit Segelschiffen, die am Horizont vorüberziehen ... Bei dieser Tischgestaltung in Rot, Weiß und Blau kommt man in Urlaubsstimmung.

STRANDURLAUB

◀ **Strandstuhl** Die kleinen Liegestühle, die für die Strandlandschaft auf dem Tisch wie geschaffen sind, gibt es im Dekoladen. Sie sind wie ihre großen Vorbilder aus Holz, haben einen gestreiften Stoffbezug und lassen sich sogar zusammenklappen.

▶ **Muschelkarte** Passend zur karierten Tischdecke sind die weißen Servietten mit einer rot-weißen Kordel gebunden. Auf jeder Serviette liegt eine dekorative Muschel. Als Tischkärtchen dienen Preisschilder, die es im Papierwarengeschäft zu kaufen gibt. Auch Geschirr und Besteck greifen die fröhlichen Farben des Tischtuchs auf. Die dicken roten Kaffeetassen laden zum gemütlichen Plaudern ein – und vielleicht auch zum Planen eines gemeinsamen Strandurlaubs.

Ganz in Weiß – eine derart monochrome Tischinszenierung besticht durch Schlichtheit und die Liebe zum Detail.

WEISS IN WEISS

▲ **Strukturierte Servietten** Der Stoff der Servietten – man nennt ihn Waffelpiqué – belebt die sonst sehr ruhige Tischdekoration. Das weiße Besteck ist mit einem Geschenkband zusammengebunden. Auf dem Tisch liegt ein 30 cm breiter Tischläufer aus durchscheinendem Papier, der mit den Namen der Gäste beschriftet werden kann.

▲ **Blumenschmuck** Einzelblüten oder Blütendolden – natürlich ausschließlich in Weiß – werden je nach Jahreszeit ausgewählt und in schlichte, halbhohe Gefäße gestellt. Einzig die grünen Blütenstängel bilden dezente Farbtupfer.

▶ **Weiße Streifen** Die Vasen sind ganz einfache Wassergläser, die mit Fein-Kniestrümpfen in Weiß und hellem Beige überzogen wurden. Durch das Zusammenschieben der Kniestrümpfe entstehen ganz unterschiedliche Streifenmuster.

Ist die Wohung eingerichtet, wäre eine Einladung zu einem originellen Frühstück als kleines Dankeschön an die fleißigen Umzugshelfer sicherlich eine nette Geste. Da darf die Dekoration an die überstandenen Mühen erinnern.

UMZUGSFRÜHSTÜCK

◀ **Handschuhe** Vieles auf dem Tisch erinnert an den zurückliegenden Umzug, doch jetzt ist damit keine schwere Arbeit verbunden. Karierte Küchenhandtücher dienen als Tischdecke, Gummi- und Arbeitshandschuhe bilden die Unterlage für das Besteck, und Spülbürsten ersetzen den Blumenschmuck.

▶ **Kontrastprogramm** Zum sonst an Schwerarbeit erinnernden Ambiente gibt es feine blütenweiße Servietten. Als Namensschilder dienen Schlüsselanhänger aus Plastik, die mit weiß-blauen und weiß-grünen Kordeln an die Servietten gebunden werden.

Die leicht ironische Version eines Business-Frühstücks, vielleicht zum Abschluss eines entsprechenden Studiums? Das weiße, schmucklose Geschirr und die schwarzen Servietten schaffen unterkühlten Kontrast.

SCHWARZWEISS

▲ **Blumendeko** Vasen aus poliertem Stein bringen schöne weiße Einzelblüten besonders gut zur Geltung. Solche Vasen sind auch aus Porzellan oder Steingut erhältlich. Alternativ passt hier eine weiße Nelke.

▲ **Börsenkurse** So ist der angehende Börsenmakler schon beim Frühstück bestens informiert: Eine Wirtschaftszeitung als Tischset ist gleich doppelt nützlich – als Unterlage und informative Lektüre.

▲ **Angeklammert** Passend zur „Arbeitsatmosphäre" dieses Frühstückstischs sind die Tischkarten mit chromglänzenden Klammern an der Serviette befestigt. Die Klammern gibt es in unterschiedlichster Ausführung im Fachhandel für Bürobedarf.

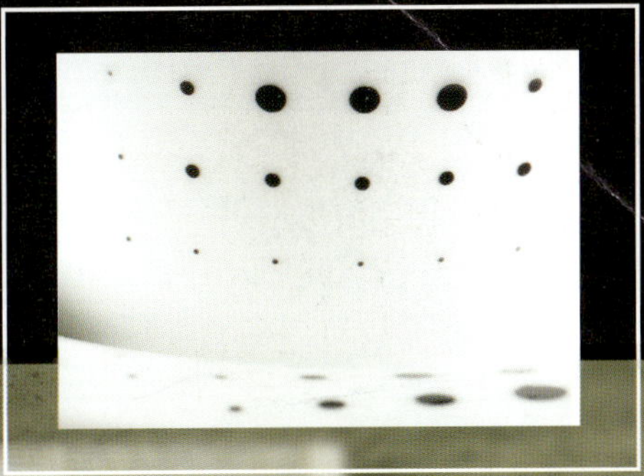

WSJ.com
THE WALL STREET JOU
Rates
Point
Shock Therapy
Rate Cut, Earnings News
Fuel Broad Market Rally
ERIC

Strenge Linien, frühlingsbunte Farben: Viele verschiedene Grüntöne beherrschen diese Tischdekoration, während das intensive Gelb der Callablüten und die grünlich gelben Besteckgriffe Kontrast und Ergänzung zugleich darstellen.

ES GRÜNT SO GRÜN

◀ **Unterlage** Das Besteck liegt auf glatten grünen Stoffservietten, die einfach nur zu Rechtecken gelegt wurden. Das leuchtende Gelb der Blüten findet ein Farbecho im Gelbton der Besteckgriffe.

▶ **Blattbänder** Entlang der Tischkanten sind „Bänder" aus großen, schön geformten Blättern gelegt. Auf den Blättern stehen Platzteller in einem kräftigen und leuchtenden Grün. Zwischen den Esstellern und den Salatschüsseln liegen ebenfalls Blätter. Sollen sie sich wie hier schön nach oben biegen, müssen sie mit der Unterseite nach oben liegen. Die Blätter, die man am besten in einer Gärtnerei besorgt, sollten aus hygienischen Gründen sorgfältig abgewaschen und abgetrocknet werden. Dabei muss man vorsichtig vorgehen, damit sie nicht beschädigt werden.

Dieser Frühstückstisch macht auch bei Morgenmuffeln einfa
gute Laune. Und mag das Wetter noch so trüb sein, wer den
Tag mit so vielen bunten und heiteren Farben beginnt, lässt
sich durch nichts so leicht aus der Fassung bringen.

BUNT GEMIXT

◀ **Blumendeko** In diesen Vasen sind schöne Einzelblüten – hier Ranunkeln und Anemonen – gut aufgehoben. Man umwickelt Flaschen mit weitem Hals mit Seidenpapier und verschnürt sie mit einer dicken Kordel. Für einen besonderen Effekt kann man Krepppapier verwenden oder das Seidenpapier zuerst knüllen, dann glätten, bevor man es um die Flaschen wickelt.

▶ **Namenseier** Für jeden gibt es einen persönlichen Guten-Morgen-Gruß auf dem Frühstücksei. Man muss aber darauf achten, dass die Farben ungiftig sind. Statt der üblichen Eierbecher wurde Seidenpapier in eckigen Gläsern drapiert und das Ei hineingestellt. Farbige Gläser passend zur Schrift sind besonders hübsch, aber das bunte Papier wirkt auch in durchsichtigem Glas sehr gut.

Zum Themenbereich „Gastlichkeit" sind im FALKEN Verlag erschienen:
„Kulinarischer Knigge" (7323)
„Servietten falten – 80 Ideen für schön gedeckte Tische" (1042)
„Servietten dekorativ falten" (1337)
„Servietten kunstvoll falten" (7550)

Verlag und Autorinnen danken folgenden Firmen für die freundliche Unterstützung:
B.T. Dibbern GmbH & Co KG, Bargteheide (www.dibbern.de)
HABITAT, Düsseldorf (www.habitat.de)
Karin Hermann, Form-Struktur-Sinne, Hirschstr. 3, 73728 Esslingen (S. 96, 114) (www.karin-hermann.de)
IMPRESSIONEN-Versand GmbH, Wedel (www.impressionen.de)
KPM Königliche Porzellan-Manufaktur Berlin GmbH (www.kpm-berlin.de)
Möbel MANN GmbH, Karlsruhe www.mann-mobilia.de)
MONO, Mettmann (www.mono.de)
Pichler GmbH & Co. KG, Laichingen (www.pichler-textil.de)
Porzellanmanufaktur Fürstenberg, Fürstenberg (www.fuerstenberg-porzellan.de)
Rosenthal AG, Selb (S. 36 „Suomi Weiß", S. 62 „Suomi Weiß", S. 84 „Siam Gold" und S. 90 „Siam Platin"; Platzteller „Siam Negra") (www.rosenthal.de)
Royal Scandinavia GmbH, Köln (www.ivsb-solingen.de)
SIA, Trier (www.sia-collection.com)
Wohnspezialist SIEGLE, Fellbach (www.moebel-siegle.de)
SKV-Arzberg-Porzellan GmbH, Schirnding (www.kustermann.de)
WMF AG, Geislingen/Steige (www.wmf.de)

Sie finden uns im Internet: **www.falken.de**
Dieses Buch wurde auf chlorfrei gebleichtem und säurefreiem Papier gedruckt.
Der Text dieses Buches entspricht den Regeln der neuen deutschen Rechtschreibung.

ISBN 3 8068 7627 4

Umschlaggestaltung: Peter Pinzer
Styling: Anne Paetzold, Stuttgart
Fotografie: Zuckerfabrik Digital, Stuttgart
Layout und Gestaltung: Susanne Richert, Katrin Schmelzle, Anette Vogt (red.sign, Stuttgart)
Redaktion: Mina Langheinrich, Frank Müller, Olaf Rappold (red.sign, Stuttgart)
Bildredaktion: Anja Knudsen (red.sign, Stuttgart)
Koordination: Regine Gamm (FALKEN Verlag)
Herstellung: Petra Becker (FALKEN Verlag) und red.sign, Stuttgart

Satz: red.sign, Stuttgart
Reproduktion: Lithotronic, Frankfurt
Druck: EuroGrafica S. p. A., Marano (Vicenza)
Printed in Italy

817 2635 4453 6271